Comenzar y Ser Exitoso en Los Bienes Raíces Comerciales

por JM Padron, CCIM, MRICS

ISBN: 978-1-62550-581-1 (PB)

978-1-62550-582-8 (EB)

Library of Congress Control Number: Library of Congress Control Number: 2018914776

Reconocimientos

Quiero darle las gracias a mi esposa, hijos en especial a Helen quien ha trabajado conmigo por los últimos 10 años.

Adicionalmente quiero agradecer a Carolyn Weber, Ricardo Cárdenas, Sergio Felgueres Sr. y Sergio Felgueres, Jr. por abrirme los ojos en esta actividad de capacitación, entrenamiento, y coaching.

Prólogo

¡Bienvenido al maravilloso mundo de los bienes raíces comerciales! Tal vez compró este libro porque es un agente residencial que siempre quiso "hacer una transacción comercial" o quizás cambiar su enfoque hacia las propiedades y clientes comerciales. Tal vez sea nuevo en el mundo de los bienes raíces comerciales y quiera asegurarse de comprender los fundamentos, ya que reconoce que estos son esenciales para iniciar su carrera. O tal vez usted ya es un veterano experimentado en los bienes raíces comerciales y, como aprendiz de por vida, continúa trabajando para mejorar sus habilidades.

Independientemente de por qué seleccionó este libro, quiere aprender. Como fundador de Massimo Group, la principal organización de asesoría en los bienes raíces comerciales de América del Norte, he tenido el privilegio de trabajar con decenas de corredores de mayor producción y entrenadores más talentosos, como JM Padron, en el mundo. Ellos también son aprendices de por vida.

Comenzar y Ser Exitoso en Los bienes Raíces Comerciales le presentará 3 elementos esenciales para tener éxito en la práctica de los bienes raíces comerciales:

- Identificar los diferentes tipos de propiedades y comprender la diferencia entre un usuario final y un inversor.

- Comprender los fundamentos del análisis financiero y el rendimiento de una inversión, incluido el apalancamiento financiero y cómo estimar el valor.

- Reconocer la diferencia de trabajar con compradores/inquilinos y vendedores/propietarios, cómo dominar una presentación exclusiva del lado la captación y cómo obtener un acuerdo exclusivo de representación del comprador/inquilino.

Si Comenzar y Ser Exitoso en Los Bienes Raíces Comerciales, te sirve de plataforma de lanzamiento o de actualización, te proporcionará la información que necesitas para desarrollar tus habilidades en los bienes raíces comerciales. El libro de JM le proporciona una guía para estar mejor preparado para el complejo, loco y maravilloso mundo de los bienes raíces comerciales.

Rod N. Santomassimo, CCIM
Founder/CEO
The Massimo Group

Comenzar y Ser Exitoso en Los Bienes Raíces Comerciales

Los agentes inmobiliarios no pueden vender los bienes raíces comerciales, ¿verdad?

Si ya es un corredor o un vendedor autorizado, sabe a ciencia cierta que puede realizar transacciones de diferentes tipos de propiedades: condominios, casas unifamiliares, lujo y dúplex. Algunos agentes venden/arriendan de todo; y algunos otros se especializan en un tipo particular, como el "Mercado de Lujo".

La licencia de los bienes raíces permite a los agentes practicar legalmente los bienes raíces comerciales incluso si no tienen la competencia debida. Sin embargo, el código de ética de la Asociación Nacional de Agentes Inmobiliarios (NAR, por sus siglas en inglés), presenta muy claro en el Artículo 11:

> *"Artículo 11.*
> Los servicios que los REALTORS® brindan a sus clientes se ajustarán a los estándares de práctica y competencia que razonablemente se esperan en las disciplinas específicas de los bienes raíces en las que se involucran; específicamente, corretaje de los bienes raíces residenciales, administración de los bienes inmuebles, corretaje de los bienes raíces comerciales e industriales, corretaje de terrenos, tasación de los bienes raíces, asesoría de los bienes raíces, sindicación de los bienes raíces, subasta de los bienes raíces y los bienes raíces internacionales.
>
> REALTORS® no se comprometerán a proporcionar servicios profesionales especializados relacionados con un tipo de propiedad o servicio que esté fuera de su campo de competencia, a menos que contrate la asistencia de alguien que sea competente en dichos tipos de propiedad o servicio, o a menos que los hechos se revelen completamente a el cliente. Cualquier persona contratada para proporcionar dicha asistencia deberá estar identificada de este modo para el cliente y su contribución a la asignación debe ser establecida".

Por lo tanto, un asesor licenciado de los bienes raíces debe adquirir la competencia o contratar la asistencia de alguien que sea competente en el campo de los bienes raíces comerciales o debe revelar al cliente que la práctica de los bienes raíces comerciales está fuera de su alcance comercial.

No intento hacer que los agentes de los bienes raíces se hagan competentes después de leer mi libro, lo que pretendo hacer es que abran los ojos y entiendan lo que comprende el campo de los bienes raíces comerciales. La lectura de este libro aportará los conocimientos necesarios para comprender el lenguaje de la industria y los conceptos y términos involucrados en la práctica de los bienes raíces comerciales.

Es una herramienta excelente para comprender el negocio de los bienes raíces comerciales y para poder referir un buen negocio o asociarse con un profesional comercial experimentado. Si el agente elige la ruta de acceso al mundo de los los bienes raíces comerciales, estas son mis recomendaciones:

1. Asociarse con un asesor comercial experimentado

2. Tomar un curso básico de los bienes raíces comerciales, que incluya conceptos y cálculos financieros, así como el proceso para estimar el valor, el arrendamiento, el trabajo con compradores, el trabajo con vendedores y el proceso de diligencia debida. He diseñado una clase de 4 días que cubre todos estos temas, llamada PCC, Programa de Certificación Comercial.

3. Tomar al menos dos clases del programa CCIM: CE-101 "Análisis financiero para los bienes raíces de inversión comercial" y CE-102 "Análisis de mercado para los bienes raíces de inversión comercial". Mi consejo es completar la designación:

El Programa CCIM:

Todos los candidatos a la designación de CCIM deben completar un componente educativo, aprobar el Examen Comprensivo, completar una solicitud de membresía y pagar las cuotas anuales. Todos los candidatos, excepto los miembros de "Fast Track", también deberán enviar una Cartera de Experiencia Calificada para su revisión.

Componente de Educación

El componente educativo para obtener su designación de CCIM se compone de un plan de estudios de cuatro cursos, un curso de ética en línea, capacitación en negociación y cursos electivos del Centro de Estudios de Bienes Raíces de Ward:

CI 101: Análisis Financiero para la Inversión Comercial Inmobiliaria. Este curso es un requisito previo para CI 102 - CI 104 y le proporcionará una base de habilidades prácticas de análisis financiero que necesita para tener éxito en los siguientes cursos y en el campo.

CI 102: Análisis de Mercado para Inversión Comercial Inmobiliaria
Analice los factores de inversión para cada uno de los cuatro tipos principales de propiedades: oficinas, industriales, multifamiliares y minoristas.

Técnicas de Negociación

Se requieren ocho horas de capacitación sobre el Modelo de Interés -Negociación de CCIM antes de pasar a CI 103 y CI 104. Este requisito se puede completar a través del curso en línea "Preparing to Negotiate", el curso de un día en el aula Negociaciones de bienes raíces comerciales o el Taller de negociación avanzada de dos días en el aula.

CI 103: Análisis de Decisión del Usuario para Inversión Comercial de Bienes Raíces. Utiliza las habilidades de análisis financiero y de mercado para las decisiones de espacio del usuario y aplique modelos de costo de ocupación para la propiedad y el arrendamiento.

CI 104: Análisis de Inversión para Inversión Comercial Inmobiliaria
Optimiza los retornos de inversión y pronostica efectivamente el rendimiento de la inversión mediante la cuantificación del riesgo en la inversión de bienes raíces.

Curso de ética en línea

Esta capacitación gratuita cubre el Código CCIM y los Estándares de práctica del Instituto CCIM.

Portafolio de Experiencia Calificadora

Para demostrar su experiencia en bienes raíces comerciales, los candidatos designados deben presentar una cartera de actividades, transacciones, proyectos o productos de trabajo calificados. Este portafolio puede tomar una de tres formas, dependiendo de su nivel de experiencia y el tipo de trabajo que se incluirá.

Las carteras transaccionales deben cumplir con los requisitos mínimos de volumen:

Tres (3) o más actividades calificadas por un total de $ 30 millones o más; o

Exactamente diez (10) actividades calificadas por un total de $ 10 millones o más; o

Veinte (20) actividades calificadas sin requerimiento de volumen de dólares.

Examen Comprensivo

El Examen Integral es un examen de todo el día que prueba su dominio de los conceptos introducidos en los cursos básicos de CCIM. Está precedido por la Revisión de conceptos del curso de dos días, que permite a los candidatos designados la oportunidad de revisar los temas clave que se tratarán en el examen.

Si necesita más información vaya a www.ccim.com

Como podemos ver, convertirse en un experto en bienes raíces comerciales requiere mucho aprendizaje, experiencia acumulada y buenas habilidades de negociación.

Comenzar y Ser Exitoso en Los Bienes Raíces Comerciales

CONTENIDO

Introducción a Los Bienes Raíces Comerciales

Introducción

Al igual que en otras profesiones, tener éxito en los bienes raíces comerciales requiere que usted pueda hablar el idioma de la industria. Algunos agentes residenciales comienzan a practicar los bienes raíces comerciales sin el conocimiento básico, lo que dificulta el ascenso. Los agentes residenciales pueden aprender de la manera difícil a través de la experiencia, pero esto es una pérdida de tiempo precioso, que podría haberse utilizado para cerrar transacciones. Recuerdo que cuando comencé a practicar los bienes raíces hace algunos años, comencé como agente residencial en una oficina de franquicia residencial. Mi objetivo desde el principio fue la transición a la práctica comercial. Pronto, me di cuenta de que, sin la educación y experiencia adecuadas, el camino es demasiado empinado, casi 90 grados hacia arriba. Recuerdo haber llamado a corredores comerciales para obtener información sobre sus captaciones, y después de unas pocas palabras, se quejaban de la competencia de los agentes de los bienes raíces y, por lo general, me colgaban. Esta situación fue frustrante y entendí que no sería fácil hacer la transición a los bienes raíces comerciales. Fue entonces cuando empecé a buscar el camino correcto. Me reuní con algunos agentes comerciales, que tuvieron la amabilidad de darme algunos consejos sobre cómo comenzar este difícil viaje. ¿Y adivinen qué? La mayoría de ellos estuvo de acuerdo en que obtener la educación adecuada fue el primer paso. Solo algunos de ellos, que luego descubrí que habían aprendido el negocio de la manera más difícil, me recomendaron que empezara a trabajar como asistente de un corredor comercial experimentado. La verdad es que el éxito es una combinación de educación y experiencia, pero tener la educación correcta desde el principio acelera el proceso de obtener esa experiencia. El primer paso es comprender los términos y conceptos clave en los bienes raíces comerciales y familiarizarse con el lenguaje y las definiciones utilizadas en este campo. En esta sección, cubriremos los conceptos y definiciones utilizados en la práctica diaria, así como también analizaremos las situaciones comunes que puede encontrar en este ámbito. Al igual que en mi caso, la mayoría de los profesionales de los bienes raíces comerciales comienzan como agentes residenciales y luego hacen la transición a los bienes raíces comerciales. Por lo tanto, es útil identificar las principales diferencias entre los dos campos.

Bienes Raíces Comerciales vs. Bienes Raíces Residenciales

Comparar los bienes raíces comerciales con los bienes raíces residenciales es como comparar manzanas con naranjas; Ambos son fruto, pero ahí es donde terminan las similitudes.

Los bienes raíces comerciales tienen que ver con negocios y tasas de retorno; en cambio los bienes raíces residenciales tratan con emociones y sentimientos.

Las propiedades inmobiliarias residenciales giran en torno a los deseos y necesidades de un propietario y su familia. Se trata de propiedades compradas para uso individual, más a menudo para proporcionar vivienda. La gente compra casas y condominios para vivir, para hacer de esa propiedad particular su hogar. Se ocupan de variables como la calidad y la proximidad de las escuelas, el diseño del espacio para acomodar sus muebles, espacios relajantes como la cubierta de la piscina, etc.

En el sector inmobiliario residencial, las decisiones se toman de corazon; no se trata de analizar si esa propiedad generará o no ingresos.

Propiedad Comercial   **Propiedad Residencial**

Las Siguientes son Descripciones Generales de los Dos Tipos de Práctica:

Las transacciones de bienes raíces comerciales se centran en el negocio. Implica que la propiedad que se vende, alquila o se utiliza es con el fin de lograr un objetivo comercial predeterminado. Se utiliza como una inversión para lograr una tasa de rendimiento anticipada de los fondos invertidos, creando así riqueza.

El proceso de venta de los bienes raíces comerciales se basa en números y cálculos financieros. El factor clave es el retorno de la inversión; cuánto dinero se debe poner para obtener el rendimiento deseado.

En los bienes raíces residenciales es más probable que la transacción implique una compra emocional. A pesar de que los compradores residenciales miran las casas comparables vendidas en el mercado antes de decidirse a comprar, muchos compradores toman decisiones porque la casa les parece correcta. El factor clave es satisfacer las necesidades fisiológicas del comprador y su familia. La primera prioridad no es esperar un retorno de la inversión.

Tratar con los bienes raíces comerciales es muy diferente a trabajar con los bienes raíces residenciales. En los bienes raíces residenciales, usted trata con casas unifamiliares, dúplex y apartamentos o condominios. Por lo general, realiza CMA para determinar el valor de las propiedades. En los bienes raíces comerciales, usted trata con edificios de oficinas, tiendas minoristas, almacenes y más, y realiza análisis financieros, análisis de mercado y BPO que incluyen estos tres métodos para determinar el valor: enfoque de ventas comparables, enfoque de reposición de costos y enfoque de ingresos.

Algunas cuestiones básicas para considerar en relación con los bienes raíces comerciales.

¿Qué se incluye en las propiedades inmobiliarias comerciales?

Es posible que no siempre tenga claro si una propiedad es comercial o residencial. Definir qué es y qué no es en bienes raíces comerciales puede ser un desafío. Por supuesto, hay ejemplos obvios de los bienes raíces comerciales en todas partes del mundo, como, por ejemplo, una oficina en el centro de la ciudad, un centro comercial o un almacén.

¿Qué pasa con un centro de propiedad industrial que se ha convertido en diez unidades de apartamentos?

Como fábrica, obviamente era una propiedad comercial. Sin embargo, ahora que es para uso residencial, ¿se consideraría residencial?

En los Estados Unidos, las propiedades comerciales son aquellas que tienen cinco unidades de vivienda o más. Esta definición está limitada por la ley en los Estados Unidos, pero dependiendo de la zonificación y las leyes de cada sitio, puede encontrar diferentes matices.

El edificio de apartamentos que comenzó como un almacén podría ser una propiedad residencial si, por ejemplo, el propietario ha asignado cinco apartamentos a cada miembro de su familia y vendió las unidades restantes a amigos y conocidos como un proyecto de mini-condominios.

Ahora, ¿qué pasa si los 10 apartamentos se alquilan para generar ingresos mensuales?

Esto se consideraría una propiedad multifamiliar dentro de las categorías de los bienes raíces comerciales.

Un profesional de los bienes raíces exitoso conoce los tipos de productos, las necesidades de los usuarios e inversores y los mercados en los que los participantes y las propiedades interactúan. Este conocimiento de las necesidades de los productos, los usuarios y los inversores en mercados específicos es fundamental para atender con éxito tanto a los clientes como a los clientes potenciales. Hay dos componentes principales en el mundo de los bienes raíces comerciales: propiedades físicas/ propiedades mejoradas o terrenos para desarrollar (mejorar). Los compradores pueden adquirir propiedades para negocios operativos, generando ingresos y apreciaciones, o para ambos. Hay dos patrones en la relación entre las personas y la propiedad. Por un lado, Usuarios/Inquilinos y por el otro, Inversores/Propietarios. Los usuarios/inquilinos utilizan el espacio para operar un negocio; Los inversores/propietarios esperan que otras personas utilicen su espacio y su objetivo es el ingreso que generará el espacio y su apreciación a lo largo del tiempo para acumular riqueza. Hay dos tipos de clientes que un profesional de los bienes raíces comercial puede representar: Usuarios finales o inversores.

Usuarios Finales:

Los usuarios finales pueden ser compradores o inquilinos que toman decisiones sobre el espacio que necesitan usar para dirigir su negocio. es decir, un espacio comercial utilizado para una tintorería.

Inversores:

Los inversores analizan la viabilidad de la inversión en propiedades que están o podrían arrendarse a otros, o terrenos que podrían desarrollarse o que se apreciarán con el tiempo. Tanto los vendedores como los compradores están incluidos en esta categoría. es decir, la inversión en un centro comercial con varios inquilinos.

Los inquilinos alquilan espacios a propietarios de los bienes raíces comerciales, toman decisiones para alquilar o comprar. Los inquilinos/compradores analizan diferentes escenarios, en función de: el diseño y el tamaño de las instalaciones, el producto que venden, los datos demográficos, los tiempos de conducción, los conteos de tráfico y las instalaciones de acceso/egreso. Además, y probablemente el análisis más importante es el desempeño financiero del espacio en comparación con su costo de dinero. El profesional de los bienes raíces comerciales debe comprender y manejar todos estos conceptos para poder brindar un asesoramiento adecuado a sus clientes.

Los inversionistas son individuos o compañías que adquieren propiedades comerciales como un producto que puede generar flujo de efectivo y apreciar con el tiempo acumular riqueza. Los inversores compran propiedades que los inquilinos rentan, según el flujo de efectivo proyectado para el "período de tenencia" a una tasa de rendimiento deseada.

Los inversores buscan lo que yo llamo el "triple play" de una inversión:

1. Incremento anual de los ingresos por alquiler.
2. Apreciación anual de la propiedad.
3. Amortización al principal, creando así equidad.

Es de crucial importancia conocer y comprender las motivaciones y la tolerancia al riesgo del inversionista. Los usuarios e inversores son continuamente bombardeados con toneladas de información sobre el mercado y los roles que desempeñan los diferentes factores en la transacción. Es nuestra responsabilidad guiarlos sobre cómo usar esta información para su beneficio al explicarles el peso de cada uno.

Cada mercado tiene sus propias características, y cada uno debe definirse claramente para que podamos entender cómo interactúa con los demás.

Tipos de Mercados Inmobiliarios

La gente con frecuencia hace la famosa pregunta: "¿Cómo está el mercado?" La respuesta correcta es: "Depende". Muchos factores pueden estar involucrados. ¿Estamos hablando del mercado de edificios de oficinas? ¿El mercado de Miami o Nueva York? ¿Estás comprando o alquilando? El tipo de mercado debe estar claramente definido.

Hay dos categorías principales a considerar al definir el mercado:

El Mercado Físico

Este es un espacio existente en un área geográfica determinada. La disponibilidad de espacio está determinada por las tasas de desocupación y absorción. En otras palabras, por la oferta y la demanda. La demografía, las regulaciones sobre temas como el uso de la

tierra y los permisos y el uso específico determinan la disponibilidad de espacio en un período de tiempo determinado. Si la demanda de espacio comercial aumenta y la oferta disminuye, decimos que estamos en un mercado de propietarios y que los alquileres tienden a aumentar. Por otro lado, si los desarrolladores tienen un espacio de venta excesivo, las rentas tenderán a disminuir y estaremos en el mercado de inquilinos. El escenario ideal es tener en cuenta todos los factores económicos relevantes para lograr una imagen estable del mercado.

Inversión Inmobiliaria

Los bienes raíces compiten con otras inversiones, incluidas acciones y bonos, y lo más importante, es el costo del dinero del inversionista. ¿Por qué un inversionista compra una propiedad comercial que resulta en un retorno de la inversión por debajo de la tasa deseada? Los inversionistas deben analizar en detalle el riesgo, el costo del capital prestado, el apalancamiento y los requisitos de efectivo involucrados. La cantidad de efectivo que el inversionista pone en la transacción se llama capital.

La combinación de los mercados de espacio e inversión determina la tasa de absorción, por lo tanto, la viabilidad de la nueva construcción. La interacción de estos dos mercados también determinará los alquileres y las tendencias, así como el valor de mercado de cada propiedad. El valor de mercado estimado de las propiedades comerciales se tratará más adelante en este libro.

Geografía y Tipos de Propiedades

Para tener éxito en los bienes raíces comerciales, es muy importante comprender los tipos de propiedad específicos y los mercados geográficos en los que se encuentran. Es importante especializarse en uno o más de cada tipo de propiedad, porque, aunque todos generan riqueza, su rendimiento varía de un tipo a otro. Incluso dentro de una categoría, encontramos especialización en subcategorías. Por ejemplo, a un corredor comercial le puede gustar Industrial, pero debido a su ubicación, puede especializarse en el espacio industrial flexible. Del mismo modo, a otro corredor le puede gustar la venta minorista, pero puede especializarse en propiedades NNN de un solo inquilino.

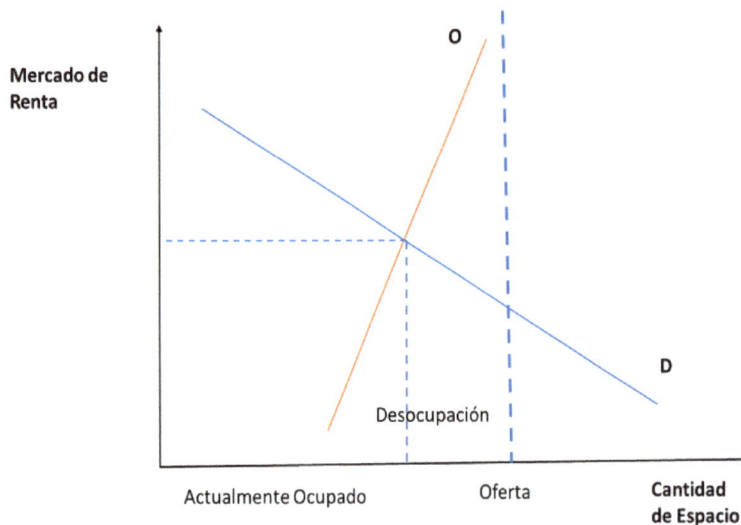

Dentro de cualquier mercado de los bienes raíces comerciales, también es importante comprender las tendencias arquitectónicas y de uso para tipos de propiedad específicos. Por ejemplo, en el mercado de oficinas, los inquilinos pueden buscar "edificios inteligentes" y comodidades como restaurante, terraza y gimnasio.

La demografía, como se mencionó anteriormente, también es importante, probablemente el factor más importante a tener en cuenta cuando se trabaja en un área geográfica específica: mano de obra, socios de gastos, combinación de población, etc.

Como se indicó anteriormente, la especialización es un punto clave en la práctica de los bienes raíces comerciales, pero debemos ser conscientes de la geografía o el tamaño del mercado en el que operamos. En los mercados pequeños, un profesional comercial debe convertirse en un especialista en propiedades múltiples, debido al escaso inventario disponible en una categoría específica de propiedad.

Clasificación de Propiedad Comercial

Los bienes raíces comerciales se dividen en las siguientes ocho categorías:
1. Edificios de Oficinas
2. Industrial
3. Centros Comerciales, Locales Comerciales
4. Multifamiliar.
5. Hospitalidad
6. Propósito Especial
7. Terreno Desarrollables
8. Oportunidades de negocio, "Negocios en Marcha"

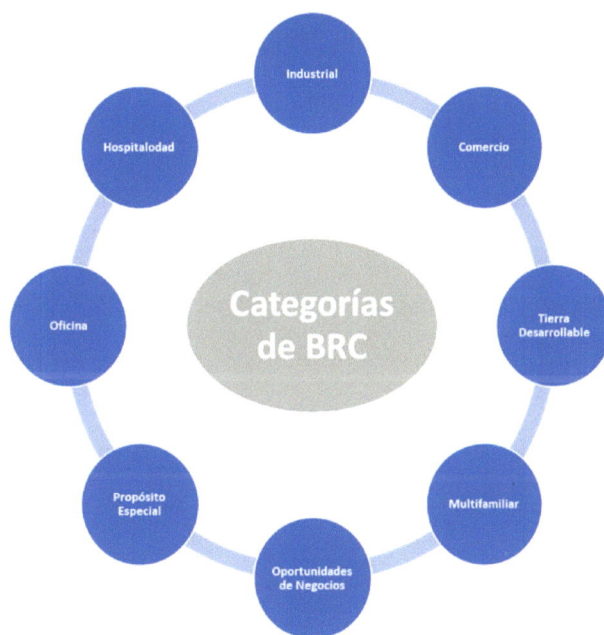

Al mismo tiempo, estas ocho categorías se subdividen en subclasificaciones, tales como:
- Edificios gubernamentales, edificios de oficinas médicas, edificios educativos, etc.
- Fábricas, almacenes, centros de distribución, centros de investigación y desarrollo.
- Centros comerciales, supermercados, tiendas, restaurantes, etc.
- Edificios de jardín, edificios de altura media, edificios altos, edificios con instalaciones, etc.
- Moteles, Hoteles, Resorts, etc.
- Marinas, cementerios, ranchos, parques temáticos, campos de golf, etc.
- Lotes para desarrollar, Lotes para desarrollos industriales, Lotes para desarrollos mixtos, etc.
- Sándwich Shop, tienda de telefonía móvil, ferreterías, manufactura.

Las personas tienden a asociar propiedades de los bienes raíces comerciales con edificios de oficinas, centros comerciales y parques empresariales; sin embargo, debe tenerse en cuenta que la tierra, dependiendo de su uso, también puede considerarse como los bienes raíces comerciales.

Una "empresa en marcha" es una compañía que tiene los recursos para continuar operando en el futuro previsible, "Negocio en Marcha". Las transacciones comerciales pueden o no incluir la propiedad mejorada. Por ejemplo, un restaurante se puede vender como una empresa en marcha y puede o no incluir la propiedad del edificio en el que opera.

Una empresa en marcha también se conoce como una oportunidad de negocio. Cuando comencé a practicar los bienes raíces comerciales después de haber aprendido lo básico y elaborar algunas ofertas, vi que la mayoría de los agentes residenciales pensaban en los bienes raíces comerciales solo como oportunidades de negocios que solía escuchar cosas como: "Oh, eso es un gran negocio"; siempre se hace una comisión del 10% ", pero las oportunidades de negocios son solo una categoría en la práctica comercial.

A partir de ahora, definiremos las diferentes categorías en los bienes raíces comerciales. Es importante comprender que estas diferentes clasificaciones están estandarizadas, pero el profesional comercial debe adaptar estas definiciones a su mercado. Por ejemplo, un edificio de oficinas de gran altura en la ciudad de Nueva York puede estar en la misma categoría que uno en un suburbio como Weston, FL, donde practico los bienes raíces, pero pueden ser diferentes por órdenes de magnitud. Por lo tanto, hay subcategorías que también son relevantes.

Edificios de Oficinas

Los edificios de oficinas pueden ser subcategorizados por su altura y su calidad. Es importante mencionar que estas clasificaciones son estándar, pero variarán de un mercado a otro. Para citar un ejemplo, no es lo mismo considerar un edificio de oficinas en Manhattan como un edificio de oficinas en Albany, donde solo la Torre Erastus Corning y el Edificio de la Oficina Estatal Alfred E. Smith pueden considerarse edificios altos ya que Tienen 44 y 34 pisos respectivamente. El corredor comercial debe usar esto como un patrón para definir las clasificaciones en su propio mercado.

Según la altura, los edificios de oficinas se clasifican en:

Baja altura: usualmente menos de 7 pisos sobre el nivel del suelo

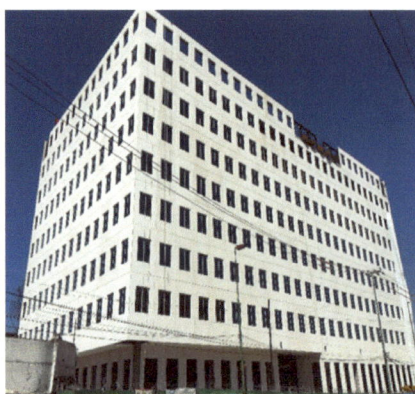

Media Altura: entre 7 y 25 pisos sobre el nivel del suelo

Gran Altura: más de 25 pisos sobre el nivel del suelo

| **Baja Altura** | **Mediana Altura** | **Gran Altura** |

En función de la calidad, los edificios de oficinas se clasifican en:

Edificios de clase A: estas propiedades suelen tener estándares de alta calidad, con acabados excepcionales, facilidad de acceso, diseños modernos y tecnología inteligente. Los edificios Clase A también pueden proporcionar servicios tales como cafeterías, gimnasios y servicios de recepción, junto con monitoreo, valet parking, etc.

Estos edificios obtienen las rentas base y rentas adicionales más altas en el mercado.

Edificios de clase B: estas propiedades presentan acabados moderados, recepción pequeña o nula, y no tienen los tipos de servicios proporcionados por los edificios de clase A. Los edificios de clase B generan rentas más bajas que los de clase A. Los edificios de clase B pueden ser construcciones nuevas o estructuras recientemente renovadas.

Edificios de clase C: estas propiedades presentan acabados anticuados y la mayoría de ellas presentan un cierto grado de obsolescencia. Los edificios de clase C generan rentas más bajas que los edificios de clase B.

Industrial

Almacén a Granel: representan el más simple de todos los espacios industriales, conformado por no más de cuatro paredes, un techo y un piso. Las propiedades de este tipo pueden ser muy grandes, con un promedio de 50,000 pies cuadrados (SF) como mínimo. Estas propiedades tienen amplios espacios claros y techos muy altos. Los alquileres pueden cotizarse por pie cúbico.

Almacén de Oficina: esta categoría de espacio industrial puede dedicar del 5 al 25 por ciento de su espacio a los requisitos de la oficina y, por lo general, está construida de metal, ladrillo, bloque o madera. Esta categoría normalmente presenta muelles de carga y está ubicada cerca o dentro de los límites de la ciudad. Un buen acceso a la autopista es una consideración importante para las propiedades de oficinas/ almacenes.

Oficina / Servicio: Estas propiedades tienden a ser edificios más caros ubicados en entornos atractivos y similares a parques con jardines. Por lo general, se encuentran en el extremo más alto de las rentas del mercado y dedican más del 25 por ciento de su espacio a las oficinas. Las propiedades de oficinas/servicios son similares a las instalaciones de investigación y desarrollo. Por lo general, se encuentran a lo largo de las arterias principales.

Investigación y Desarrollo: Esta categoría es un híbrido de oficina y manufactura. La categoría de investigación y desarrollo es la más intensiva en personal de las propiedades industriales y requiere los mayores índices de estacionamiento. Los inquilinos de estas propiedades generalmente requieren muchas mejoras, como "salas limpias" para la fabricación de circuitos integrados, laboratorios, cafeterías, salones y otras comodidades. Entre las propiedades comerciales, las propiedades de investigación y desarrollo tienen valores de alquiler y venta en segundo lugar solo después del espacio de oficinas. A menudo se encuentran cerca de las universidades y una base de trabajo de cuello blanco.

Independiente: esta categoría a menudo se desarrolla en un entorno de parque industrial o se erige como una construcción a medida en una propiedad seleccionada. Las propiedades independientes generalmente están diseñadas para la fabricación, distribución, ensamblaje, embalaje y usos similares. Estas propiedades varían en sus tipos de construcción, diseño, altura del techo, servicios públicos, cantidad de tierra, y generalmente están diseñadas, construidas y ocupadas por un propietario/usuario para un propósito especial.

Multi-Inquilino: este tipo de propiedad industrial atrae al usuario más pequeño del espacio industrial (1,000 a 5,000 pies cuadrados). A menudo se encuentra en un complejo de edificios similares, donde los servicios de apoyo necesarios están en o cerca del complejo. Las propiedades para múltiples inquilinos pueden contener espacio en la incubadora para inquilinos de alta tecnología de inicio, almacenamiento o distribución que se alquilan a corto plazo. Los edificios para dichos inquilinos generalmente requieren techos de 18 pies o más, arreglos eficientes para cargar camiones y espacio para oficinas.

Manufactura: estas instalaciones se utilizan para la fabricación, producción, montaje, envío y recepción, o procesos de producción importantes. El tamaño se basa en los requisitos del usuario. Estas propiedades a menudo se modifican radicalmente para adaptarse a un producto o proceso en particular, y por lo tanto son propensas a la obsolescencia funcional.

Parques Industriales: este es un desarrollo planificado a menudo controlado y administrado por una persona o entidad de inversión como fondo para un fideicomiso de inversión en los bienes raíces (REIT), FIBRAS en México. Los tipos y la naturaleza de los usos se controlan para proteger y preservar la compatibilidad. Los parques industriales pueden servir como uso mixto, uso único, usos especiales, científicos y tecnológicos, o para sistemas de comunicaciones complejos.

Centros Comerciales / Comercio

Strip Center: son franjas de terrenos comercialmente divididos en parcelas que se desarrollarán para uso minorista. Por lo general, tienen un área comercial estrecha y ofrecen una variedad de servicios, como una tienda de conveniencia, una peluquería, una tienda de sándwiches, etc. Empresa independiente, familiar. A diferencia de las franquicias y las grandes corporaciones, que tienen múltiples operaciones en varios lugares, las tiendas de Mama y Papa usualmente tienen un solo lugar que a menudo ocupa un espacio físicamente pequeño.

Centro de Barrio: este centro está diseñado para proporcionar compras convenientes para las necesidades diarias de los consumidores en las inmediaciones. Según la publicación del Consejo Internacional de Centros Comerciales ("ICSC"), la mayoría están anclados por supermercados, mientras que cerca de un tercio ofrecen una farmacia como ancla. Un centro de barrio en general, se configura como una forma de "L". Acomoda a compradores en el vecindario inmediato para artículos de conveniencia, como lavandería, cuidado del cabello y uñas, alquiler de videos, salones de bronceado, correo y tiendas de paquetes, y artículos de regalo.

Centro Comunitario: Este es un centro comercial de aproximadamente 100,000 a 300,000 pies cuadrados y 20 a 70 locales comerciales, diseñado para una mezcla de minoristas y establecimientos de servicio de alimentos con un alto factor de conveniencia para un radio de área de mercado de 3 a 6 millas. Por lo general, se encuentra en un área de 10 a 40 acres, con al menos un inquilino ancla, que generalmente utiliza entre el 40 y el 60 por ciento del espacio bruto arrendable. El centro comunitario generalmente ofrece una amplia gama de ropa y otros productos además de lo que se proporciona en un centro de vecindario. Entre los anclajes más comunes se encuentran los supermercados, las super-farmacias y las grandes tiendas de descuento. En el Centro Comunitario, los inquilinos venden artículos tales como ropa, hogar, muebles, juguetes, productos electrónicos y / o artículos deportivos.

Independiente: Este es un establecimiento comercial que proporciona los bienes y servicios en edificios de uso único o múltiple de varios tamaños. Las tiendas independientes más grandes y nuevas también se conocen como "cajas grandes". Estas propiedades mejoradas son adecuadas para transacciones de arrendamiento retroactivo ('Sale/Lease Back"). Por lo general, las farmacias, los grandes almacenes, las tiendas de automóviles, las tiendas de juguetes entran en esta categoría. La mayoría de estos minoristas, en función del costo del dinero, adquieren el terreno y construyen las instalaciones. Una vez que la tienda se abre y se estabiliza, se la vuelven a alquilar a un inversor.

Centro Regional: Este es un gran centro comercial que atrae a clientes de fuera de la parte de la ciudad en la que se encuentra. Según el Consejo Internacional de Centros Comerciales, es uno que ofrece mercancía general, con un espacio de 400,000 a 800,000 pies cuadrados sobre 40 a 100 acres con dos o más inquilinos ancla que ocupan del 50 al 70 por ciento del espacio disponible. El área de mercado típica es un radio de 5 a 15 millas, o aproximadamente 80 a 700 millas cuadradas. Este tipo de centro ofrece productos en general, un gran porcentaje del cual es proporcionado por la industria de la confección y servicios en toda la gama y variedad. Sus principales atractivos son sus anclas: tiendas departamentales tradicionales, de mercado masivo, de descuento a especialidades de moda. Un centro regional típico suele estar rodeado de una orientación hacia el interior de los establecimientos conectados por un corredor compartido con estacionamiento en el perímetro.

Centro Super-regional: Un centro súper regional es, según el Consejo Internacional de Centros Comerciales en los EE. UU., un centro comercial con más de 800,000 pies cuadrados (74,000 m2) de área bruta locativa, tres o más anclas, comerciantes en masa, más variedad , ropa de moda, etc., que sirve como el lugar de compras dominante para la región (a 25 millas o 40 km) en la que se encuentra. Similar al centro regional, pero de mayor tamaño, un centro suprarregional tiene una selección más amplia de mercancías y se basa en una mayor base de población. Al igual que con los centros regionales, la configuración típica es como un centro comercial cerrado, a menudo con múltiples niveles.

Centro de Poderío: un gran centro comercial al aire libre (de 250,000 a 750,000 pies cuadrados) que usualmente incluye tres o más tiendas "big box", así como tiendas y restaurantes más pequeños (independientes o ubicados en plazas), rodeados por un estacionamiento compartido. Los centros de poder están construidos para la comodidad de los automovilistas. A diferencia de las grandes tiendas tradicionales, los centros de poder a menudo tienen características arquitectónicas distintivas. Este tipo de centro está dominado por grandes minoristas, incluidos los grandes almacenes de descuento, y los clubes, como Sam's, Costco, etc, son tiendas que ofrecen una gran selección en un grupo de mercancía en particular a precios muy bajos, como zapatos, artículos para mascotas, o artículos deportivos.

Centro de especialidades de moda: este tipo de centro se compone principalmente de tiendas de ropa de lujo, boutiques y tiendas de artesanía que ofrecen moda selecta o mercancía única de alta calidad y precio. Estos centros no necesitan estar anclados, aunque a veces los restaurantes o el entretenimiento pueden proporcionar una alternativa a los anclajes de alto perfil. El diseño físico del centro es sofisticado, enfatizando una decoración rica y paisajes de alta calidad. Estos centros se encuentran generalmente en áreas comerciales con altos niveles de ingresos.

Centros Temáticos: estos centros suelen emplear un tema unificador que llevan a cabo las tiendas individuales en su diseño arquitectónico y, en cierta medida, en sus mercancías. El mayor atractivo de estos centros es para los turistas; Restaurantes y locales de ocio pueden anclarlos. Estos centros, generalmente ubicados en áreas urbanas, tienden a adaptarse de edificios más antiguos, a veces históricos, y pueden ser parte de proyectos de uso mixto.

Centros de Descuento (outlets): generalmente ubicados en zonas rurales, u ocasionalmente en lugares turísticos, los centros de descuento consisten principalmente en tiendas de venta de fabricantes que venden sus marcas con descuento. Estos centros típicamente no están anclados.

Edificios multifamiliares de alquiler: Muchos inversionistas y profesionales de los bienes raíces comienzan con los edificios de apartamentos como un punto de entrada en la inversión de los bienes raíces comerciales. Se sienten cómodos con los edificios que comprenden de 10 a 20 unidades porque en algún momento de nuestras vidas, todos hemos alquilado un apartamento para vivir, y entendemos las facturas de servicios públicos, el mantenimiento, el seguro del inquilino, el pago del alquiler a tiempo y las consecuencias de pagar tarde. Los inversores principiantes no comprenden tan fácilmente el funcionamiento de un edificio de oficinas o de un gran centro comercial.

Cuando los edificios de apartamentos tienen más de 60 unidades, las cosas se complican un poco más para la administración, por lo que generalmente son propiedades para inversionistas con experiencia. Grandes edificios de apartamentos son conocidos como propiedades multifamiliares en los bienes raíces comerciales. Los edificios multifamiliares se pueden clasificar de la siguiente manera:

Apartamentos tipo jardín de poca altura: en general, estos edificios de apartamentos tienen uno, dos o tres pisos y están ubicados en una atractiva área de jardín y no cuentan con ascensor.

Apartamentos de mediana altura: estos edificios de apartamentos generalmente tienen entre 4 y 8 pisos, y cuentan con servicio de ascensor.

Apartamentos de gran altura: edificios de apartamentos con más de 10 pisos; En general, estos cuentan con todas las comodidades y servicios modernos, así como servicios de estacionamiento y botones.

Hospitalidad

Un hotel es un establecimiento que ofrece alojamiento y, a veces, también incluye comidas, entretenimiento y diversos servicios personales para el público. "Real Capital Analytics" presenta la siguiente clasificación para los diferentes tipos de hospitalidad:

Servicio limitado: estos hoteles, como su nombre lo indica, no tienen servicio a la habitación, no tienen restaurante y no ofrecen servicios de conserjería. A veces se les conoce como "Express Inns".

Servicio completo: este tipo de los bienes raíces de hospitalidad incluye servicio a la habitación, servicio de restaurante y servicio de conserjería.

Hotel boutique: Un hotel boutique debe cumplir con las siguientes condiciones: estar ubicado en un área urbana, brindar un servicio completo, generalmente tener menos de 200 habitaciones y no ser parte de una cadena nacional o internacional.

Hotel de casino: Un hotel que tiene un casino en las instalaciones se considera que está en esta clasificación. Dependiendo del tipo de casino, en relación con su impacto en los ingresos, se utiliza el subtipo de casino en lugar de la clasificación simple de hoteles.

De Estadía Extendida: este tipo de hotel también se conoce como apart-hotel. Ofrecen una cocina en la habitación, y las habitaciones son más espaciosas y cómodas.

Hotel Resort: Un hotel resort ofrece varios servicios como golf, deportes acuáticos y entretenimiento, que brindan estadías de vacaciones. Estos hoteles tienen grandes extensiones de tierra para recreación, dos o más piscinas, y generalmente se encuentran en ciudades donde las personas se van de vacaciones o en la playa.

Hoteles Suite: Las suites ofrecen más espacio e instalaciones para entretener, como habitaciones adicionales, bares, etc.

La clasificación anterior es para hoteles con más de 10 habitaciones, tipo RCA no considera hoteles o hostales con menos de 10 habitaciones.

Propósito Especial

No todas las propiedades comerciales caen en las categorías anteriores. Esta clasificación incluye muchos usos, los más típicos de los cuales se mencionan a continuación:
- Hospitales
- Hogares de ancianos
- Marinas
- Salas de cine
- Campos de golf
- Ranchos

Terreno Desarrollable

La tierra urbanizable se incluye en las clasificaciones de los bienes raíces comerciales, con los siguientes usos:
- Edificios Multifamiliares
- Subdivisiones Residenciales de Casas Unifamiliares
- Hoteles
- Edificios de Oficinas
- Uso Mixto
- Naves industriales
- Centros Comerciales
- Propósito especial

Negocio

Una oportunidad de negocios representa una "empresa en marcha". Una subdivisión interesante de la práctica de los bienes raíces comerciales, la empresa en marcha se define sobre la base de la suposición de que la entidad permanecerá en el negocio en el futuro previsible. A la inversa, esto significa que la entidad no se verá obligada a detener las operaciones y liquidar sus activos en el corto plazo a lo que pueden ser precios de venta muy descontados. Se puede comprar un negocio con o sin la propiedad mejorada asociada. Para facilitar la visualización, hemos subdividido el negocio en tres tipos según el tamaño:

➢ Pequeñas Empresas (<$ 200K)
➢ Empresas Medianas ($ 200K - $ 750K)
➢ Grandes empresas (> $ 750K)

Una oportunidad de negocio puede incluir el bien inmueble asociado a ella. En otras palabras, el propietario del negocio y la propiedad inmobiliaria mejorada es el mismo. En este caso, el negocio y la propiedad mejorada deben analizarse por separado. Para el negocio, se debe completar un análisis de flujo de efectivo de EBITDA de 5 a 10 años a la tasa de descuento de la industria específica. La propiedad mejorada debe analizarse luego considerando la renta comercial justa del valor de mercado.

Si la Oportunidad de Negocio no tiene los bienes raíces asociados, y la empresa está arrendando la propiedad, se debe completar un análisis de flujo de efectivo EBITDA de 5 a 10 años a la tasa de descuento de la industria en particular. En este caso, es de vital importancia examinar los términos del contrato de arrendamiento e incorporar los mismos, incluidos los aumentos en la renta y cómo esto puede afectar los resultados en el análisis.

EBITDA significa: "Ganancias antes de intereses, impuestos, depreciación y amortización"

Es importante mencionar que lidiar con oportunidades de negocios es una especialidad que requiere un amplio conocimiento financiero y experiencia en negociación. Al representar al vendedor, el profesional comercial debe solicitarle al vendedor información seleccionada, como los estados de ganancias y pérdidas de los últimos tres años, para que se pueda realizar un análisis preliminar del plan de cuentas para verificar los beneficios del propietario. Muchos propietarios de negocios en negocios especiales "Ma and Pa" cargan a los gastos comerciales que no están relacionados con el negocio en sí, como el alquiler de automóviles, el seguro de vida, los viajes de vacaciones, la matrícula escolar, etc. Estos elementos deben identificarse y agregarse nuevamente. a la línea de fondo. Como regla general, cuanto más pequeño sea el negocio, más difícil será evaluarlo.

Al representar al comprador, debemos analizar y comprender todos los gastos incurridos y, lo que es más importante, el contrato de arrendamiento. Comprar un negocio porque está produciendo buen dinero, mientras que el plazo de arrendamiento es de solo dos años sería una mala decisión. El arrendamiento, o como se define como "Derechos de Arrendamiento", en inglés "leasehold" de un negocio es un activo importante de la firma.

Otra cuestión importante al tratar con oportunidades de negocios, es que algunos propietarios no reportan ingresos en efectivo y no se reflejan en los libros, pero cuando están listos para vender, quieren que estos ingresos se tomen en consideración.

En una de mis transacciones de negocios, estaba evaluando un negocio de ferretería, y luego de detallar el plan de cuentas y separar el beneficio del propietario, la valoración llegó a $ 395,000. El precio de venta era de $ 525,000 ya que el vendedor quería incluir los ingresos en efectivo que no se reflejaban en los estados de ganancias y pérdidas. Presenté el análisis financiero a mi comprador y le recomendé que hiciera una oferta por $ 395,000, lo cual hicimos. Entonces comenzó la negociación: el vendedor estaba negociando la inclusión de ingresos imaginarios, y yo estaba negociando en nombre de mi cliente con hechos. Como a mi cliente realmente le gustaba el negocio, decidió ofrecer $ 425,000, que finalmente fue aceptado por el vendedor.

SECCIÓN 2

La Propiedad de los Bienes Raíces Comerciales

Adquisición de Bienes Inmuebles Comerciales.

Hay dos motivaciones para comprar propiedades comerciales:
➢ Generación de ingresos por renta y ganancias de capital por la apreciación del valor de la propiedad.
➢ Operación de un negocio.

Inversión

Operar un negocio

Toda inversión debe tener una estrategia de salida, aunque la estrategia inicial puede cambiar con el tiempo según los diferentes factores internos y externos que tengan un efecto en la inversión. Cuando se invierte en un banco en un CD, se firma un contrato por un período de tiempo, generalmente de un año, renovable. Si toma su dinero antes de la fecha de vencimiento del CD, será penalizado. En este caso, su estrategia de salida es de un año.

He tenido inversionistas muy conservadores que afirmaron que no quieren proporcionar una estrategia de salida ya que están considerando la inversión como una forma de construir su patrimonio familiar. Ellos nunca planean vender. El problema es que sin una estrategia de salida, no podrá evaluar la inversión. Intento educar a mis inversionistas y luego les digo que vamos a fingir que venderá la propiedad en 5 o 10 años; De esa manera, podemos ejecutar adecuadamente el análisis financiero y calcular la tasa de rendimiento de la inversión.

Cuando realiza una inversión en bienes raíces comerciales, el período de retención debe considerarse una prioridad. Los inversores inmobiliarios deben incluir la cantidad de tiempo de propiedad del activo. El momento en que un inversionista anticipa mantener una propiedad se llama "El Período de Retención".

El arrendamiento de propiedades comerciales generalmente es por períodos más largos que el arrendamiento residencial. La duración de los arrendamientos comerciales varía según el tipo de arrendatario, por ejemplo, de tres a cinco años para una pequeña empresa y de diez o más años para una empresa comercial importante. Las mudanzas de los negocios/oficinas son generalmente costosas, y si la asociación de marca de ubicación es importante, los contratos de arrendamiento largos son la norma. La estabilidad es buena para los propietarios y los inquilinos por igual.

Si un propietario comercial tiene inquilinos potenciales que desean periodos de retención cortos, el propietario tal vez quiera incluir aumentos anuales en sus contratos de arrendamiento. Esto ayudaría a aumentar el ingreso neto y, por lo tanto, aumentar el valor de la propiedad.

Las hipotecas comerciales para inversión tienen vencimientos no mayores a 10 años. Por lo tanto, los arrendamientos a largo plazo son una necesidad para la inversión. Como ya se mencionó, los costos de reubicación son considerables; por lo tanto, es económicamente razonable arrendar propiedades que satisfagan las necesidades a largo plazo. En general, los períodos de retención o tenencia de inversiones en los bienes raíces comerciales son de 5 a 10 años, según el tipo de propiedad y la planificación financiera del inversionista.

Planificación Patrimonial

Las consideraciones para la planificación de la sucesión a menudo entran en juego cuando el dueño de una propiedad toma ciertas decisiones de inversión comercial. Por ejemplo, es posible que un propietario quiera transferir una propiedad a un miembro de la familia, como un hijo o un nieto. No tiene que ser un experto en planificación patrimonial, pero es muy importante conocer las normas vigentes en su país y buscar asesoramiento con el profesional adecuado.

El Objetivo de la Inversión.

Como asesor comercial, debe conocer los objetivos de inversión del cliente. Es de suma importancia que se tome el tiempo para comprender los objetivos de inversión del cliente. Un inversionista en bienes raíces comerciales podría tener cualquiera de los siguientes objetivos:

1. Un edificio 100% alquilado que puede proporcionar un flujo de caja constante.
2. Un edificio con potencial, que, con algunas actualizaciones y nuevos inquilinos, podría proporcionar mayores ingresos para el alquiler.
3. Un edificio en mal estado, que se puede renovar y vender, generando así un retorno rápido: también conocido como "Flip".
4. Un edificio que no genera mucha renta pero que probablemente se apreciaría sustancialmente en valor con el tiempo.
5. Un edificio o terreno que pueda cambiar el uso/zonificación existente.

Ubicación, ubicación, ubicación ...

Como siempre, la ubicación es un factor clave. Lo has escuchado una y otra vez: los bienes raíces es ubicación, ubicación, ubicación. En los bienes raíces comerciales, la atracción de la ubicación de la propiedad depende en gran medida del tipo de edificio. Por ejemplo, si se trata de un edificio de oficinas, un acceso fácil al transporte público podría ser una necesidad. Si se trata de un edificio industrial, el valor de la ubicación se basa en las fuentes de empleo y los medios de transporte de carga, como el ferrocarril, el transporte marítimo, etc. Si se trata de un edificio multifamiliar, las escuelas, los lugares de recreación y las instalaciones comerciales cercanas tener importancia.

La zonificación local es vital para el inversor, especialmente si hay interés en ampliar un edificio comercial o cambiar el uso.

Hay que efectuar estudios de mercado para poder evaluar el valor y la demanda de espacio de alquiler. Si un inversor desea evaluar la propiedad y la demanda de alquiler de espacio para un edificio, usted puede ayudar a su cliente preparando un estudio de mercado. Los datos y las conclusiones de un estudio de mercado pueden ser útiles en el desarrollo de un plan de negocios para su propiedad de alquiler.

El estudio de mercado debe incluir lo siguiente:

1. El número total de m2 disponibles en el mercado.
2. El número total de m2 ocupados en el mercado.
3. Las rentas solicitadas por m2 para los espacios comerciales actualmente disponibles.
4. El alquiler por m2, para los espacios comerciales recientemente alquilados en el mercado.
5. Tiempo en el mercado antes de ser arrendado.
6. Concesiones ofrecidas a los arrendatarios de espacios comerciales en el mercado.
7. Gráficos con tiempos de manejo.
8. Demografía de la zona.

Los elementos básicos de una inversión en los bienes raíces comerciales son las entradas de efectivo (rentas), las salidas (gastos de operación y servicio de la deuda), el período de tenencia y el riesgo. La capacidad de analizar estos elementos es fundamental para brindar servicios a los inversionistas en los bienes raíces comerciales.

Las entradas y salidas de efectivo son el dinero que se deposita o recibe de la propiedad, incluido el costo de compra original y los ingresos por ventas durante toda la vida de la inversión. Un ejemplo de este tipo de inversión es un fondo de los bienes raíces.

Las entradas de efectivo incluyen lo siguiente:
➢ El Alquiler
➢ Alquiler adicional para compensar gastos operativos.
➢ Tarifas: Parking, vending, servicios, etc.
➢ Ingresos procedentes de la venta
➢ Beneficios fiscales
➢ Depreciación

Las salidas de efectivo incluyen:
➢ Inversión inicial (pago inicial más los costos de adquisición asociados)
➢ Todos los gastos e impuestos a la propiedad.
➢ Servicio de la deuda (pago de la hipoteca)
➢ Gastos de capital y arrendamiento financiero.
➢ Costos de venta

El cronograma de las entradas y salidas de efectivo es necesario para crear una "Tabla T" que muestre los flujos de efectivo a lo largo del tiempo. El riesgo depende de las condiciones del mercado, los arrendatarios actuales y la probabilidad de que renueven sus contratos de arrendamiento año tras año. Es importante poder predecir la probabilidad de realizar esas entradas de efectivo y contabilizar las salidas, de modo que la probabilidad de mantener esas cantidades a tiempo, incluidos los factores de vacantes, puede proporcionar una proyección realista de lo que está por venir.

Commercial Real Estate ofrece un factor de orgullo de propiedad que es casi imposible de valorar, pero es, sin embargo, uno de los más altos entre todas las clases de activos. Existe una gran alegría y placer al saber que posee una propiedad que genera ingresos ... una parte de la actividad comercial y comercial que impulsa el motor económico del mundo. La titularidad de inmuebles comerciales presenta varias ventajas:

Apreciación
Históricamente, las inversiones en los bienes raíces comerciales han brindado una excelente apreciación del valor que cumple y supera a otros tipos de inversión. El valor de la propiedad real generalmente es impulsado por factores internos y externos. Entre los factores internos se incluyen: administración óptima, mejoras para no diferir el mantenimiento requerido, costos administrativos reducidos y el mantenimiento de excelentes relaciones entre propietarios e inquilinos. Los factores externos incluyen la oferta y la demanda, así como la conveniencia de las ubicaciones.

Flujo de Ingresos Regulares
Uno de los mayores beneficios de la inversión en bienes raíces comerciales es que los activos generalmente están garantizados por arrendamientos, que proporcionan un flujo de ingresos regular, significativamente más alto que los rendimientos de dividendos típicos de acciones.

Construir Patrimonio por Amortización de la Deuda.
El apalancamiento le permite colocar deuda en la propiedad comercial, que es varias veces el patrimonio original. Esto le permite comprar más activos con menos dinero y magnifica significativamente su capital a medida que los préstamos se pagan.

Cobertura Superior Contra la Inflación
Según un informe reciente de la experta, Martha S. Peyton, Ph.D., jefa de la estrategia global de los bienes raíces para TIAA-CREF, las inversiones en los bienes raíces comerciales tuvieron la mayor correlación con la inflación en comparación con otras clases de activos, como el S&P 500, bonos del Tesoro a diez años, y bonos corporativos. A medida que Estados Unidos, Asia y Europa continúan implementando políticas que les permiten imprimir más dinero como estímulo al crecimiento económico, es importante reconocer los beneficios de poseer bienes raíces comerciales como una cobertura contra la inflación.

Liquidez vs Activo Duro
Si bien ladrillo (brick & mortar) no es un activo líquido, Los Bienes Raíces Comerciales es una de las pocas clases de inversión que es un activo duro que también tiene un valor intrínseco significativo. La tierra tiene valor, al igual que la propiedad mejorada en sí misma.

Beneficios Fiscales

El código de impuestos de los Estados Unidos beneficia a los propietarios de los bienes raíces de varias maneras. Por ejemplo, las deducciones por intereses y depreciación de hipotecas pueden proteger una gran parte de su flujo de ingresos. También es útil para proteger sus ingresos el Código de Impuestos Internos 1031, conocido como intercambio 1031, bajo el cual el inversionista puede diferir el reconocimiento de las ganancias de capital y la obligación del impuesto a la renta federal relacionado en el intercambio de propiedades similares.

Apalancamiento

Los activos inmobiliarios suelen ser costosos en comparación con otros instrumentos de inversión ampliamente disponibles, como acciones o bonos. Pero rara vez los inversionistas de los bienes raíces pagarán de contado el monto total del precio de compra de una propiedad. Por lo general, una gran parte del precio de compra se financiará mediante algún tipo de instrumento financiero o deuda, como un préstamo hipotecario garantizado por la propiedad en sí. El monto del precio de compra financiado por la deuda se conoce como apalancamiento. El monto financiado por el capital propio del inversionista, a través de efectivo u otras transferencias de activos, se conoce como patrimonio.

La proporción de apalancamiento con respecto al valor de tasación total (a menudo denominado "LTV" o préstamo a valor para una hipoteca convencional) es una medida matemática del riesgo que corre un inversionista al usar el apalancamiento para financiar la compra de una propiedad. Los inversores generalmente buscan disminuir sus requisitos de capital y aumentar su apalancamiento, de modo que se maximice su retorno de la inversión (TIR). Los prestamistas y otras instituciones financieras generalmente tienen requisitos mínimos de capital para las inversiones en los bienes raíces que se les pide que financien, generalmente del orden del 20% del valor de tasación. Los inversores que buscan requisitos de capital bajo pueden explorar acuerdos de financiamiento alternativos como parte de la compra de una propiedad (por ejemplo, financiamiento del vendedor, subordinación del vendedor, fuentes de capital privado, etc.)

Si la propiedad requiere reparaciones sustanciales, los prestamistas tradicionales como los bancos a menudo no prestarán en una propiedad y se le puede pedir al inversionista que tome un préstamo de un prestamista privado usando un préstamo puente a corto plazo como un préstamo de prestamista de dinero duro. Los préstamos de dinero duro suelen ser préstamos a corto plazo para los cuales el prestamista cobra una tasa de interés mucho más alta debido a la naturaleza de mayor riesgo del préstamo. Los préstamos de dinero duro suelen tener una relación de préstamo a valor mucho menor que las hipotecas convencionales.

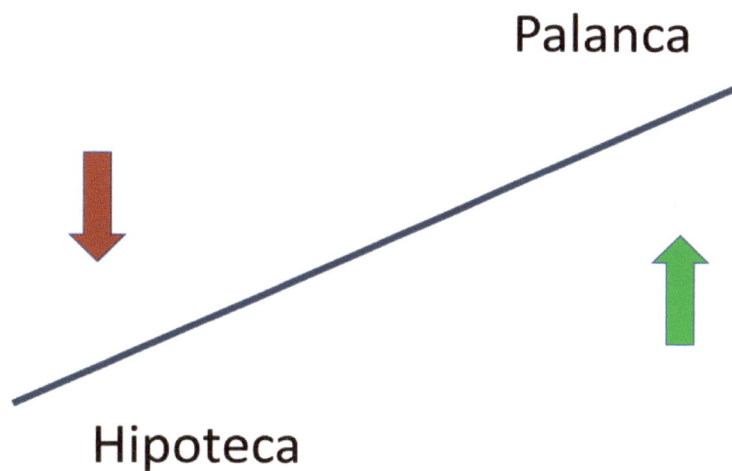

Algunas organizaciones de inversión inmobiliaria, como los fideicomisos de inversión inmobiliaria (REIT) y algunos fondos de pensiones y fondos de cobertura, tienen reservas de capital y estrategias de inversión lo suficientemente grandes como para permitir el 100% del capital en las propiedades que compran. Esto minimiza el riesgo que proviene del apalancamiento, pero también limita el retorno potencial.

Al aprovechar la compra de una propiedad de inversión, los pagos periódicos requeridos para pagar la deuda crean un flujo de efectivo negativo continuo (ya veces grande) a partir del momento de la compra. Esto se conoce a veces como el costo de mantenimiento o "acarreo" de la inversión. Para tener éxito, los inversores inmobiliarios deben administrar sus flujos de efectivo para crear suficientes ingresos positivos de la propiedad para al menos compensar los costos de mantenimiento.

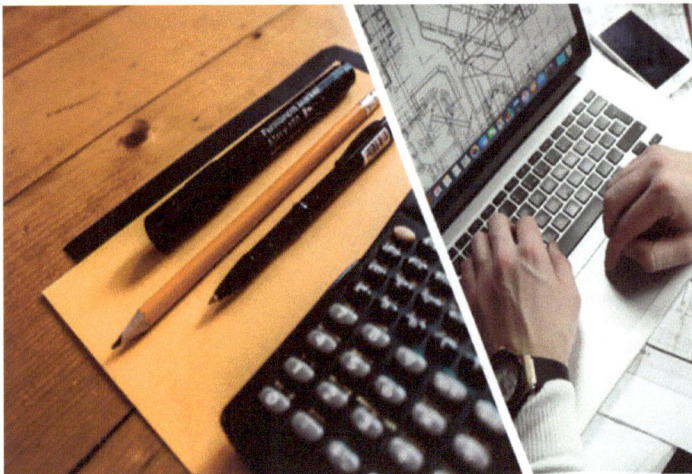

Título, Topografía, Consideraciones Ambientales

Al invertir en bienes raíces comerciales se requiere realizar una investigación detallada de la encuesta del plano topográfico la propiedad. ¿Si se tiene alguna intrusión? ¿Tiene alguna servidumbre? ¿Tiene algún derecho de retención? ¿Tiene algún permiso abierto? ¿Tiene alguna violación? ¿Tiene la zonificación y uso correctos? Todas estas tareas son generalmente realizadas por el abogado y / o la compañía de cierre.

También debe mirar de cerca el mapa topográfico de la propiedad y revisar cualquier atadura incluida o excluida. Una servidumbre da el derecho de usar la tierra de otro para un propósito particular. Por ejemplo, una servidumbre podría dar a un propietario el derecho de usar una entrada a una propiedad adyacente. Las servidumbres pueden limitar las posibilidades de expansión de una propiedad. Esta "esclavitud" tiene que ser tomada en consideración. Los inversores deben saber si la propiedad tiene conexiones adecuadas para aguas residuales. Existen regulaciones estatales y locales aplicables a los sistemas de residuos, como los tanques sépticos. Una propiedad con un sistema de desechos debe ser inspeccionada antes de que la propiedad del título pueda ser transferida. Este tipo de inspección es obligatoria en algunas jurisdicciones. Si el cliente va a comprar una propiedad, la oferta de compra debe incluir una cláusula de contingencia en caso de circunstancias imprevistas en las que se encuentre que la propiedad no es compatible con los sistemas existentes de disposición final. Si el cliente está vendiendo una propiedad que tiene un sistema de desperdicio final, debe contratar a un inspector para que revise el sistema de eliminación antes de colocar la propiedad en el mercado. Esto podría aliviar las preocupaciones que los posibles compradores podrían tener sobre el sistema de eliminación.

Las leyes de desechos peligrosos varían según las jurisdicciones estatales y locales. Dependiendo de las regulaciones locales, la remediación de la contaminación puede ser extremadamente costosa. En los Estados Unidos, hay multas severas para los propietarios que no resuelven estas situaciones. En algunos estados, cuando no se limpian los desechos peligrosos, se puede colocar un gravamen sobre la propiedad, y cada una de las partes involucradas es responsable, incluidos los dueños anteriores. Se pueden imponer daños sin tener en cuenta la culpa, y el estado puede recuperar la propiedad.

Una oferta de compra debe incluir una contingencia vinculada a una evaluación de desechos peligrosos, que otorga al comprador el derecho a elegir un profesional de sitio con licencia (LSP) para llevar a cabo la evaluación. Si la evaluación revela que los desechos peligrosos están contaminando la propiedad, el comprador puede cancelar la transacción.

El estudio ambiental consta de tres fases (si son necesarias), por ejemplo, si en la Fase I no se encuentra evidencia de contaminación, no es necesario ir a la Fase II.

La fase I se centra en lo siguiente:

Se exploran los usos actuales e históricos de la propiedad y se busca evidencia de que se han manejado materiales peligrosos en la propiedad.

Descubrir si la propiedad está bajo jurisdicción federal o estatal en relación con el medio ambiente y averiguar si se han derramado materiales peligrosos en propiedades cercanas.

En la segunda fase, se recogen y analizan muestras de agua y suelo. La Fase II es mucho más extensa y costosa, y puede no ser necesaria si el prestamista y el comprador están satisfechos con los hallazgos de la Fase I.

Las evaluaciones que involucran residuos peligrosos están más allá de la experiencia de la mayoría de los profesionales de los bienes raíces. Por lo tanto, a medida que surgen problemas durante la evaluación, el agente debe sugerir que los clientes consulten con abogados, profesionales ambientales, contadores y agentes de seguros para asegurarse de que reciban asesoramiento de expertos.

Al representar a un comprador o un vendedor, el profesional comercial debe recomendar al comprador que realice una evaluación de la Fase I Ambiental y la Fase II si es necesario.

Cuando se vaya a financiar la compra, la institución financiera requerirá una evaluación del entorno como obligatoria para obtener el préstamo. Si la compra va a ser una transacción en efectivo, el comprador puede no ordenar una evaluación ambiental. Hace unos años represené a un comprador que estaba comprando un almacén de contado y, después de muchos consejos de mi parte, decidió no realizar la evaluación ambiental. Para evitar un problema de responsabilidad, hice que mi comprador firmara un documento que había preparado indicando que le había aconsejado que ordenara el estudio y él se negó a hacerlo.

CONCLUSIÓN:

A diferencia de las acciones, las inversiones en los bienes raíces comerciales a menudo proporcionan flujos de efectivo estables en forma de ingresos por alquileres. Los bienes raíces comerciales son un activo duro que también es un recurso escaso. Siempre tiene algún valor intrínseco, y generalmente se aprecia en valor con el tiempo. Finalmente, el valor de los bienes raíces comerciales se deriva del mayor crecimiento de la economía.

Conceptos Importantes

En esta sección definiremos los conceptos financieros relevantes involucrados en la inversión de los bienes raíces comerciales, así como la relación y cómo calcular cada uno de ellos.

Ingreso Bruto Potencial ("IBP")

El ingreso bruto potencial (también conocido como IBP o renta potencial bruta) es el ingreso total que una propiedad podría generar si el 100% se arrendara a la renta del mercado. IGP refleja la renta buta anual potencial de la propiedad.

Ingreso Bruto Efectivo ("IBE")

El ingreso bruto efectivo (o EGI) representa el IGP más cualquier alquiler adicional sujeto a la vacante, menos la vacante y las pérdidas crediticias.

Ingreso Operativo Bruto ("IOB")

El Ingreso Bruto de Operación (o IOB) representa el Ingreso Bruto Efectivo (IBE) más cualquier alquiler adicional no sujeto a vacante, como el alquiler generado por una cartelera o una torre celular.

Gastos Operativos ("GO")

Los gastos operativos (o GO) son todos los gastos directos relacionados con la operación del edificio.

Ingreso Operativo Neto ("ION")

El ingreso operativo neto (o ION) es el ingreso neto generado por una propiedad de inversión que excluye el servicio de la deuda. En otras palabras, ION es el flujo de efectivo generado por los alquileres de una propiedad que no tiene una hipoteca

Tasa de Capitalización ("TCAP")

La tasa de capitalización se define como el cociente entre el ingreso operativo neto y el valor de la propiedad.

Sección 3: Conceptos Importantes

Flujo neto de efectivo ("FCN")

El flujo de efectivo neto ("FCN") es el ingreso neto que resulta de restar el servicio de la deuda del ION.

Retorno de la Inversión ("TIR")

Los inversores deben conocer el rendimiento potencial que produciría una inversión de bienes raíces comerciales. Al considerar la compra de una propiedad comercial, el inversionista prestará especial atención a la tasa de retorno de la inversión (TIR) en comparación con el costo del dinero. Cuanto mayor sea el retorno de la inversión, mayor será el valor de la propiedad. El TIR se calcula como la relación entre el flujo de efectivo neto dividido por la inversión inicial, II.

Inversión Inicial (II)

Es la inversión inicial pagada por una propiedad, incluidos todos los gastos de cierre en el período "0". Es importante cuantificar los conceptos anteriores en una tabla llamada "Datos Operativos Anuales de la Propiedad" o DOAP donde se calculan las diferentes variables.

Servicio de la Deuda (SD)

Es el pago anual de le hipoteca

Datos Anuales Operativos de la Propiedad

$$ \text{IOB} - \text{GO} = \text{ION} $$

$$ \text{ION} - \text{SD} = \text{FCN} $$

$$ \text{FCN} \div \text{II} = \text{RI} $$

Ejemplo 3.1:

Peter quiere hacer una inversión en los bienes raíces comerciales y está buscando comprar un local comercial que genere un ingreso mensual de $ 5,000.00, el gasto operativo anual de la propiedad es de $ 8,000. El precio de la propiedad es de $ 500,000 y el inversor desea colocar un 30% de descuento. Peter va a un banco local y obtiene un préstamo por $ 350,000 con pagos mensuales de $ 2,300. Si Peter quiere obtener un TIR de un 15%, ¿debe proceder con la transacción?

Por favor, intente resolverlo usando las fórmulas presentadas, la respuesta está al final del libro.

Ejemplo 3.2:

A Mary le gustaría comprar un edificio multifamiliar de 10 unidades, compuesto por unidades de seis dormitorios y cuatro unidades de dos dormitorios. Los alquileres para las unidades de 1 dormitorio son $ 1,000 cada uno y para las unidades de 2 dormitorios son $ 1,500. Actualmente, hay una vacante de una unidad de 2 dormitorios. Los gastos operativos se estiman en un 30% del ingreso bruto potencial. Si Mary quiere un retorno de la inversión del 9%, ¿cuánto puede ofrecer Mary para el edificio?

Por favor, intente resolverlo usando las fórmulas presentadas, la respuesta está al final del libro.

Ejemplo 3.3:

Henry quiere invertir en los bienes raíces comerciales. Tiene $ 500,000 disponibles para invertir, y se le han presentado dos opciones: comprar una propiedad con $ 500,000 en efectivo y sin apalancamiento o comprar dos propiedades de $ 1,000,000 cada una con un apalancamiento de $ 750,000 cada una. ¿Qué recomendarías que hiciera Henry?

Escenario 1- Comprar una propiedad

Precio
Inversión inicial $ 500,000
NOI $ 35,000

Escenario 2- Compra dos propiedades

Propiedad 1	$ 1,000,000
Inversión inicial	$ 250,000
Préstamo	$ 750,000
NOI	$ 75,000
Servicio de la deuda	$ 56,396
Propiedad 2	$ 1,000,000
Inversión inicial	$ 250,000
Préstamo	$ 750,000
NOI	$ 80,000
Servicio de la deuda	$ 56,396

Por favor, intente resolverlo usando las fórmulas presentadas, la respuesta está al final del libro.

SECCIÓN 4

Estimación del Valor de la Propiedad Comercial

Valoración de inmuebles comerciales.

Los métodos de valoración de los bienes inmuebles y negocios son similares. La valoración es una consideración clave para la inversión en los bienes raíces comerciales. Si su inversionista está considerando comprar una propiedad mejorada o un negocio, se debe realizar un análisis para estimar el valor de la inversión. Hay tres métodos para estimar el valor de las propiedades comerciales:

1. El Método de Comparables de Ventas

2. El Método de Análisis de Costos (Reposición o Reemplazo)

3. El Método de Ingresos.

1. Comparable de Ventas

Este método se enfoca en igualar los precios de las propiedades que los compradores históricamente han pagado por propiedades similares. Es como la "compra comparable" cuando un consumidor compara el precio de un artículo en particular en varias tiendas para determinar qué precio debe pagarse por el mismo artículo. En el mundo de los bienes raíces, sin embargo, no hay dos propiedades idénticas, y por ende se requiere realizar los correspondientes ajustes.

El siguiente es el procedimiento para aplicar este método:

    a. Encuentre propiedades de la misma categoría y clase que se han vendido recientemente en el mercado libre.

    b. Ajuste el comparable para cada variante.

    c. Realice los ajustes netos.

    d. Obtenga un promedio de las propiedades representativas comparables y descarte aquellas que se encuentren fuera de un rango razonable para la comparación, tanto alta como baja.

Este método es efectivo cuando está disponible un número representativo de propiedades vendidas recientemente, indicativo de un mercado activo.

2. Método de Reposición de Costos

Este método también se conoce como método de reemplazo, se basa en establecer los costos de la misma propiedad y restar la depreciación de la misma. La depreciación puede provenir de tres fuentes: deterioro físico, obsolescencia física y obsolescencia externa. Estos términos se definen como:

Deterioro físico:	desgaste / deterioro debido al uso normal de la propiedad.
Obsolescencia física:	la incapacidad del edificio para proporcionar la misma utilidad y servicios que podría ofrecer una propiedad de nuevo propósito.
Obsolescencia externa:	Pérdida de valor por factores externos. Por ejemplo, la zona ha sido deprimida económicamente, etc.

El siguiente es el procedimiento para aplicar este método:
a. Calcule el costo para construir la misma propiedad hoy.
b. Estimar el costo de las diferentes formas de depreciación.
c. Calcular la depreciación total.
d. Estimar el valor de la tierra.
e. Agregue el valor del terreno al valor depreciado.

Este método es de gran interés cuando se trata de establecer un límite máximo en el valor de la propiedad, ya que ningún comprador estará dispuesto a pagar una cantidad mayor que el costo de reemplazo de un edificio nuevo. Sin embargo, una limitación es que no tiene en cuenta los factores de oferta y demanda. No se recomienda si el grado de depreciación es muy alto. Los evaluadores suelen utilizar este método cuando:

o Hay una falta de datos sobre comparables disponibles en el mercado.
o El edificio es de propósito especial, con pocas propiedades comparables.
o El inmueble es de nueva construcción.

3. Método de los Ingresos

El tipo más popular es el enfoque del ingreso, que se basa en la evaluación de; las rentas. Este método se basa en la premisa de que existe una correlación entre una propiedad que genera ingresos y su valor. Hay dos métodos basados en los ingresos de la propiedad:

o Método de capitalización directa
o Flujo de caja descontado

El método de capitalización directa

Tasa de Capitalización

De hecho, hay dos métodos de valoración basados en el ingreso: el método de capitalización (Tasa de Capitalización) y el Multiplicador de Ingreso Brutos. La tasa de capitalización es el método más popular de los dos. Con la tasa de capitalización, el valor de mercado de la propiedad se calcula dividiendo el ingreso operativo net0 (ION) entre la tasa de capitalización.

ION, se obtiene restando los gastos operativos del ingreso bruto total.
La tasa de capitalización (Tasa de CAP) es el rendimiento general de la inversión.
La tasa de CAP se puede calcular dividiendo NOI por el valor de la propiedad.

Multiplicador de ingresos brutos

El "Multiplicador de ingresos brutos" ("GIM"), también denominado Multiplicador de ingresos brutos "(" GRM ") se utiliza para evaluar edificios de apartamentos y hoteles.
La desventaja de este método es que no toma en cuenta los gastos operativos de la propiedad y el desempleo.

Método de Flujos de Caja Descontados

Este modelo se basa en descontar el valor futuro de los ingresos en comparación con el valor presente. A diferencia del método de capitalización, que proporciona una apreciación instantánea en un momento dado, el método de flujo de efectivo descontado nos permite conocer el flujo de ingresos y gastos durante un período. El período se establece generalmente de cinco a diez años.

Antes de entrar en cómo calcular el valor actual neto de una inversión, es importante presentar el concepto:

"El valor presente neto (VPN) es una medición de la ganancia calculada al restar los valores actuales (PV) de las salidas de efectivo (incluido el costo inicial) de los valores actuales de las entradas de efectivo durante un período de tiempo. Los flujos de efectivo entrantes y salientes también pueden describirse como flujos de efectivo de beneficios y costos, respectivamente. Esto se define como una "barra en T", una representación de los flujos de efectivo en un período de tiempo.

El valor de la inversión se puede calcular de la siguiente manera:

• Al colocar el Resultado Operacional Neto al final de cada período
• Proyección del valor de venta de la propiedad al final del período.

N	$	
0	(VP)	
1	ION	
2	ION	
↓	ION	
	ION	
N	ION	+ Ingreso Neto por Venta

Procedimiento

a. Proyecta el ION para cada año del periodo.
b. Estimar el valor de venta al final del periodo.
c. Determine la tasa de descuento deseada para el inversionista.
d. Resolver para NPV

El método de flujo de caja descontado considera la tasa deseada del inversionista. Es el método más preciso para evaluar una propiedad de inversión. Las propiedades estables pueden analizarse mediante el método de capitalización, mientras que las propiedades que se espera que produzcan flujos de efectivo variables o que sean adquiridas por inversionistas sofisticados deben analizarse mediante el método de flujo de efectivo descontado.

IMPORTANTE:

LA TASA DE DESCUENTO NO ES LA MISMA QUE LA TASA DE CAPITALIZACIÓN. LAS TASAS DE DESCUENTO SON LAS TASAS DESEADAS POR EL INVERSOR Y SE UTILIZAN PARA CONVERTIR A VALOR PRESENTE LOS INGRESOS FUTUROS.

LA TASA DE CAPITALIZACIÓN SE COMPUTA DIVIDIENDO EL ION POR EL PRECIO DE VENTA DE UN COMPARABLE VENDIDO RECIENTEMENTE.

$$NPV = -II + \frac{C1}{1+r} + \frac{C2}{(1+r)^2} + \frac{C3}{(1+r)^T}$$

II	= Inversión Inicial
C	= Flujos de Caja
r	= Tasa de Descuento
T	= Periodo

Usando el método del Valor Presente Neto, los flujos de efectivo futuros se descuentan al valor actual usando la tasa de descuento apropiada.

La tasa de descuento para un inversionista representa el costo de oportunidad para cada inversionista individual o el costo promedio ponderado utilizado por los inversionistas corporativos.

Desde el punto de vista de un inversionista individual, la tasa de descuento representa el rendimiento que se puede obtener en una inversión alternativa. Esta tasa se conoce como la tasa deseada del inversionista o el objeto de rendimiento de la tasa.

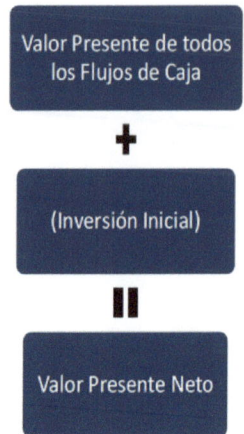

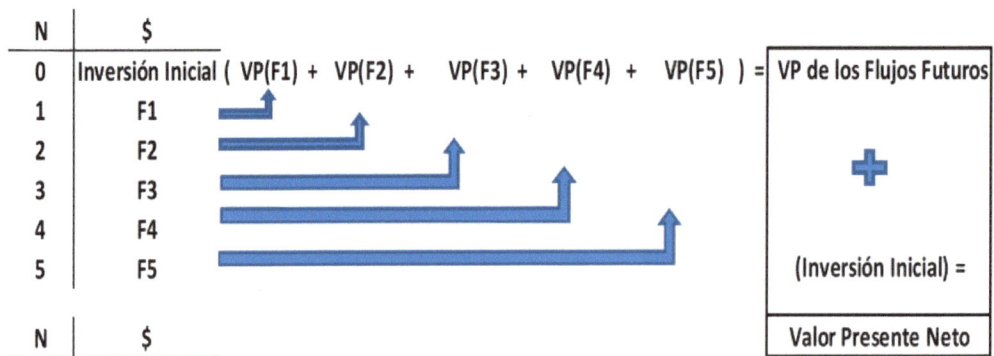

Ejemplo 4.1 Determinar el valor presente neto

El cálculo del Valor Presente Neto se puede realizar descontando cada flujo de efectivo al valor presente, sumando todos y restando la Inversión Inicial.

Un comprado tiene una contribución inicial de $ 9,000 en una inversión que produce los siguientes flujos de efectivo:

N	$
0	-9,000
1	1,000
2	2,000
3	4,000
4	5,000

La tasa de inversión deseada es del 7%, ¿cuál sería el valor actual neto de esta inversión?

Método 1:
Paso 1. Configuramos la barra en T

Paso 2. Calculamos los valores actuales de cada flujo de caja individual, al ingresar el valor futuro, el plazo de los períodos y la tasa de interés deseada por un inversionista.

Por	$ 1,000 $	934.58
Por	$ 2,000 $	1,746.88
Por	$ 4,000 $	3,265.19
Por	$ 5,000 $	3,815.24

Paso 3. Agregue todos los valores presentes para los flujos de efectivo, el total es $ 9,761.89

Paso 4. Agregamos la suma de los valores presentes a la inversión inicial.
Y el NPV da como resultado $ 9,761.89 - $ 9,000 = $ 761.89

Método 2:
Paso 1. Configuramos la barra en T

N	$
0	-9,000
1	1,000
2	2,000
3	4,000
4	5,000

Paso 2. Usamos nuestra calculadora financiera o un modelo de Excel, para ingresar todos los flujos de efectivo por cada término y la tasa de descuento del 7%. El resultado es el mismo que el anterior NPV = $ 761.12

+   Edit   Share   Graph   Done
Cash Flows - Payments p...
Amount: -9000   Initial Cash Flow
Amount: 1000   # Times: 1
Amount: 2000   # Times: 1
Amount: 4000   # Times: 1
Amount: 5000   # Times: 1

¤761.12   ¤997.68
NPV   NFV   IRR/YR

Valor Presente Neto Positivo

Un valor presente positivo indica que el rendimiento es mayor que la tasa deseada. En el ejemplo anterior, el valor positivo del valor presente neto de $ 761.12 indica que el inversionista podría haber pagado hasta $ 9,761.12 por la inversión, al obtener la misma tasa deseada.

Valor Presente Neto Negativo

Si, en el ejemplo anterior, cambiamos la tasa deseada del inversionista de 7% a 12%, el valor presente neto sería - $ 488.04, y en este caso, el inversionista podría haber pagado $ 8,511.96 ($ 9,000 - $ 488.04) para obtener La inversión deseada.

Valor Presente Neto Cero

El NPV sería cero a la tasa máxima que podría obtener el inversionista sin pagar la inversión inicial. Si, en el ejemplo anterior, ejecutamos los flujos de efectivo y ponemos el PV en cero, obtenemos el rendimiento óptimo buscado: 9.93%.

Si el Valor Presente Neto es:	El Inversor Obtendrá
Positivo	Más de la tasa de rendimiento deseada
Negativo	Menos de la tasa de rendimiento deseada
Cero	Igual que la tasa de rendimiento deseada

Ejemplo 4.2

Mary quiere comprar una propiedad comercial que genere ingresos razonables para su jubilación. Ella se pone en contacto con un asesor de los bienes raíces residenciales, y él la refiere a un asesor de los bienes raíces comerciales. Mary tiene una reunión con el agente comercial y le da la siguiente información:

1. Planes para jubilarse en unos 6 meses.
2. Requiere un ingreso neto mensual de $ 10,000. Tiene $ 1,000,000 en ahorros para invertir.
3. Quiere ver propiedades que cumplan con estos requisitos.

Si las tasas de capitalización promedio en el área donde Mary quiere comprar están en un 14%, ¿qué recomendaría a su cliente?

Por favor, inténtalo resolver usando las fórmulas presentadas; La respuesta está al final del libro.

Ejemplo 4.3

John posee dos propiedades comerciales: un almacén y un local comercial. Ambos se han apreciado sustancialmente en los últimos años. El almacén produce un ingreso neto de $ 10,000 por mes y el espacio comercial genera un ingreso neto de $ 8,000 por mes. A John le gustaría saber si es posible vender las dos propiedades y adquirir un centro comercial en el área de nueva construcción y totalmente alquilado con un ingreso neto de $ 400 por m2 por año con aumentos del 5% anual. El centro comercial cuenta con un total de 600 metros cuadrados. El objetivo de John es que dentro de los dos años posteriores a su jubilación, recibirá un ingreso mensual de $ 20,000.00.

Basado en las siguientes premisas, ¿qué le aconsejarías a John?

TCAP

Edificio	15%
Local comercial/centro comercial	12%

¿Qué le aconsejarías a John?

Por favor, inténtelo resolverl usando las fórmulas presentadas, la respuesta está al final del libro.

Ejemplo 4.4

Usted ha sido contratado por una corporación para alquilar 20,000 pies cuadrados de espacio de oficina Clase A en el área de Brickell en Miami, FL. La corporación le notifica que ha presupuestado una renta mensual neta que no debe exceder los $ 30.00 por SF por año. Sin embargo, hasta ahora ha conversado con algunas personas y las rentas parecen estar en el rango de $ 40.00 a $ 50.00 por SF por año. Para poder pagar más del precio presupuestado, deben contar con la autorización de la sede corporativa en Dallas, Texas. Para obtener esto, deben presentar un análisis que muestre las condiciones del mercado, que se le pidió que prepare:

Bajo los siguientes supuestos, ¿podría preparar el informe solicitado?

Se ha determinado que, en los últimos seis meses, 7 edificios de oficinas Clase A se han vendido de la siguiente manera:

Building	Sale Price	Area SF	Date
A	$ 29,000,000.00	100,000	15-Jan-15
B	$ 59,000,000.00	140,000	5-Mar-15
C	$ 51,000,000.00	110,000	19-Apr-15
D	$ 34,000,000.00	75,000	9-Feb-15
E	$ 38,000,000.00	85,000	19-Jan-15
F	$ 27,000,000.00	105,000	1-May-15
G	$ 31,500,000.00	70,000	21-Jan-15

Además, se determinaron los siguientes alquileres de NNN en el área de Brickell para edificios de clase A.

Building	Monthly NNN Rents	Area SF	Date
1	$ 70,000.00	17,500	15-Jan-13
2	$ 42,000.00	15,000	5-Mar-14
3	$ 5,000.00	2,000	19-Apr-14
4	$ 14,250.00	5,000	9-Feb-13
5	$ 20,625.00	9,000	19-Jan-14
6	$ 35,000.00	12,000	1-May-13
7	$ 50,000.00	20,000	21-Jan-15

¿Cuál es la tasa de TCAP? Por favor, inténtalo resolver usando las fórmulas presentadas; La respuesta está al final del libro.

Financiamiento de Propiedad Comercial

Las propiedades inmobiliarias comerciales se financian con préstamos inmobiliarios comerciales: préstamos hipotecarios garantizados por gravámenes sobre la propiedad comercial. Los préstamos son emitidos por instituciones financieras, compañías de seguros, fondos de pensiones, inversores privados y otras fuentes de capital.

Es importante diferenciar entre los préstamos comerciales para un propietario / usuario y los préstamos comerciales para un inversionista. Los préstamos de propietario / usuario son menos riesgosos para las instituciones crediticias que los préstamos para propiedades de inversión. De hecho, la Administración de Pequeños Negocios de EE. UU. supervisa el programa de préstamo 504, en el que el comprador está obligado a invertir solo el 10% del precio de compra. Por otro lado, el en una propiedad de inversión, el comprador tendrá que invertir entre el 25% y el 50% de dependiendo de la transacción.

Los préstamos comerciales difieren de los préstamos residenciales en las tasas de interés y en el vencimiento del plazo del préstamo. Los préstamos comerciales (con la excepción de los préstamos de la SBA), aunque pueden amortizarse en 20 a 25 años, tienen plazos de vencimiento de entre 7 y 10 años. Un prestamista, por ejemplo, podría hacer un préstamo comercial por un período de siete años con un período de amortización de 20 años. En esta situación, el inversionista haría pagos por siete años de una cantidad basada en el préstamo pagado a lo largo de 20 años, seguido de un pago final global del saldo restante total del préstamo. La duración del plazo del préstamo y el período de amortización afectarán la tasa que cobra el prestamista. Dependiendo de la fortaleza crediticia del inversor, estos términos pueden ser negociables. en general, cuanto más largo sea el calendario de amortización del préstamo, mayor será la tasa de interés.

Proporción de préstamo a valor, LTV
El LTV se calcula dividiendo el monto del préstamo por el menor valor de la propiedad o el precio de compra. Por ejemplo, el LTV para un préstamo de $ 700,000 en una propiedad de $ 1,000,000 sería del 70% ($ 70,000 ÷ $ 1,000,000 = 0.7, o 70%).

Servicio de la Deuda
El Servicio de la Deuda es la cantidad de capital más los intereses pagados en un año. En otras palabras, el servicio de la deuda es el pago mensual multiplicado por doce meses.

$$SD = PMT \times 12$$

Coeficiente de Servicio de la Deuda

Los prestamistas comerciales también analizan el índice de cobertura del servicio de la deuda (CSD), que compara el ingreso operativo neto anual (ION) de una propiedad con su servicio de deuda hipotecaria anual. Representa un porcentaje de mitigación de riesgo. Dependiendo de los mercados y las instituciones financieras, esta relación puede variar de 1.25 a 1.4. Se calcula dividiendo el ION por el servicio anual de la deuda.

$$CSD = ION \div SD$$

Tasas de interés y Comisiones

Las tasas de interés de los préstamos comerciales son generalmente más altas que las de los préstamos residenciales. Además, los préstamos de bienes raíces comerciales generalmente implican tarifas que se agregan al costo general del préstamo, incluidas las tarifas de tasación, legales, de solicitud de préstamos, originación de préstamos. Algunos costos deben pagarse por adelantado antes de que el préstamo sea aprobado (o rechazado), mientras que otros se aplican anualmente. Por ejemplo, un préstamo puede tener una tarifa única de originación de préstamo de 1.5%, al momento del cierre, y una tarifa anual de 0.30% hasta que el préstamo esté totalmente pagado.

Pago por Adelantado

Un préstamo comercial de bienes raíces puede tener restricciones en el pago anticipado. Esto es para garantizar que el prestamista obtendrá el rendimiento deseado del préstamo.

Existen diferentes tipos de Préstamos Comerciales:

Préstamos Convencionales Comerciales:

Los préstamos comerciales convencionales son hipotecas proporcionadas por un banco, una cooperativa de crédito, una institución de ahorro u otra institución financiera tradicional. Están garantizados por una primera posición de gravamen sobre las propiedades que se financian. Estos préstamos suelen ser los más adecuados para los prestatarios sin experiencia, y por lo general se utilizan para propiedades con saldos de préstamos pequeños, para propiedades especializadas y para otras estructuras que pueden requerir una garantía personal.

Por lo general, entre $ 500,000 y $ 5,000,000, estos préstamos se basan tanto en la capacidad financiera de la propiedad para generar suficiente flujo de ingresos para cubrir el servicio de la deuda como en el historial crediticio de la persona que garantizará el préstamo. Estos préstamos se conocen como "Préstamos con Recurso".

Préstamo de Valores Respaldados por Hipotecas Comerciales, "CMBS":

Los préstamos CMBS, como su nombre lo indica, son préstamos respaldados por instrumentos de seguridad que son financiados por un grupo de inversionistas. También llamados

Préstamos Conduit, estos se empaquetan en un grupo con otro tipo de préstamos comerciales similares y se venden a inversionistas institucionales. Los préstamos en el conjunto sirven como colateral de garantía hipotecaria. Un préstamo CMBS tiene una tasa de interés fija (que puede incluir o no un período de interés solamente) y generalmente se amortiza en un período de 25 a 30 años con un pago global vencido al final del plazo, que suele ser de diez (10) años. Debido a que los préstamos no se mantienen en el balance del Conduit Lender, los Préstamos CMBS son una excelente manera de que estos prestamistas proporcionen un producto de préstamo adicional a los prestatarios mientras mantienen su posición de liquidez. Debido a las pautas de suscripción más flexibles, los Préstamos CMBS también permiten a los inversionistas de bienes raíces comerciales que no pueden cumplir con las estrictas pautas convencionales de liquidez y patrimonio neto para poder invertir en bienes raíces comerciales. Los préstamos CMBS son "Préstamos sin Recurso", lo que significa que el prestatario no está obligado a garantizar personalmente el préstamo. Estos tipos de préstamos no pueden pagarse por anticipado en los primeros dos años y después del segundo año tienen una multa por pago anticipado denominada cancelación de pagos.

Penalidad por Pronto Pago

La anulación de pagos le permite al prestatario comprar una garantía sustituta para el préstamo de conducto. El grupo de inversionistas o tenedores de bonos espera una cierta tasa de retorno de su inversión en un préstamo comercial de CMBS, por lo tanto, el préstamo no puede devolverse dentro de los primeros dos (2) años posteriores a la originación del préstamo. Después de ese "período de bloqueo" de dos años, el préstamo puede reembolsarse sustituyendo el préstamo CMBS y su tasa de interés estipulada por una cartera de bonos de alta calidad (generalmente bonos del Tesoro de los EE. UU.) Para compensar el rendimiento deseado de los inversionistas. La extinción es un proceso complejo generalmente estructurado por asesores financieros y abogados con experiencia.

Préstamos de Seguro de Vida

Otra opción es pedir prestado a las compañías de seguros. En la mayoría de los casos, pueden ofrecer términos favorables si el prestatario puede demostrar un ION decente. Al igual que con cualquier inversor, los préstamos de seguro requieren un préstamo a valor más conservador (LTV) con máximos para la mayoría de los prestamistas entre 60-75%, e índices de cobertura de servicio de la deuda (CSD) de al menos 1.25-1.35. La propiedad o experiencia previa de bienes raíces comerciales con una compañía de administración profesional es altamente deseable. El plazo de estos préstamos puede variar de 7 a 30 años con amortizaciones que oscilan entre 15 y 30 años. Al igual que en los tipos anteriores, dependiendo de la forma en que está estructurado el préstamo, puede tener un saldo al vencimiento. Los préstamos de seguro de vida pueden ser préstamos sin recurso, recursos limitados o recursos completos. Sin embargo, en el caso de que el Prestatario cometa fraude de préstamo, transferencia de propiedad o financiamiento subordinado sin el consentimiento del Prestamista, el prestatario puede ser personalmente responsable del préstamo.

Asumir de Préstamo:

La gran mayoría de los préstamos de seguros de vida y préstamos CMBS son asumibles, generalmente por una tarifa. Esto puede ocurrir cuando el Prestatario quiere vender los bienes raíces comerciales que aseguran el préstamo, y el comprador de la propiedad quiere hacerse cargo del préstamo. El beneficio de esta estructura es que el comprador pagará costos de cierre más bajos y el préstamo asumible también puede tener términos más favorables que los disponibles en el mercado. El supuesto de préstamo es una opción especialmente atractiva en entornos de alta tasa de interés o de crédito ajustado.

Cálculos de Préstamos

Es crucial entender los cálculos financieros de los préstamos comerciales. Desde cálculos simples hasta el cálculo del monto de pago o el saldo en la fecha de vencimiento / fecha de venta, así como la realización de análisis de sensibilidad para diferentes tasas de interés y tasas de LTV. Presentaremos algunos ejemplos para ilustrar estos cálculos de préstamos:

5.1 Un inversionista quiere comprar un centro del tipo strip por $ 3,000,000. Visitó su banco local para obtener un préstamo comercial convencional, y el oficial de préstamos le dio los términos básicos estimados de la siguiente manera:

LTV 7	70%
Tasa de interés	5.25%
Plazo de	7 años
Amortización	25 años

La hipoteca será del 70% del precio de compra.

Monto del préstamo $2,100,000

Usando la calculadora financiera, el pago mensual amortizado a 25 años será:

PMT (Pago mensual)   - $12,584.20 (Es negativo porque es un desembolso para el prestatario).

Servicio de la deuda   - $151,010.40

Saldo al Vencimiento (7 años) - $1,756,088.83

5.2 El inversionista de arriba, obtiene información financiera detallada sobre el centro comercial, va nuevamente a su banco local y presenta la información al oficial de crédito. El oficial de préstamos analiza los ingresos de la propiedad y determina que el ION es de $ 180,000, con una tasa de desocupación del 15%. La desocupación comercial promedio en el área es del 10%. El oficial de préstamos le dice al inversionista que el banco considerará el préstamo, pero se debe cumplir con un DCS de 1.3.

Basado en el DSCR de 1.3, el nuevo Servicio de Deuda debe calcularse como:

Nuevo servicio de deuda $180,000 / 1.3 = $ 138,461.54 y el PMT,

PMT $11,538.46

Dando como resultado un nuevo préstamo de $1,925,491

Al volver a aplicar el mismo LTV del 70%, el valor que la propiedad aguantaría sería,

Nuevo valor $ 1,925,491 / 70% = $ 2,750,701

Sobre la base de este cálculo, el inversor tiene dos opciones:

1. Tratar de negociar el precio, solicitando un descuento de $ 250,000; o
2. Aumentar el pago inicial de $ 900,000 a $ 1,075,000, obteniendo un LTV ajustado de 64.18%.

Al observar estos dos ejemplos, es importante tener en cuenta que el ION de la propiedad y el DSCR determinan el valor del préstamo. La institución financiera establecerá el valor del préstamo en el valor menor del cálculo con el DSCR o el LTV.

Con referencia al factor de desocupación, no se hizo ningún ajuste ya que la desocupación en el área es más baja que la vacante actual de la propiedad.

Ejemplo 5.3

Un inversionista compra un edificio de apartamentos por $ 1,500,000 y se apalanca con el 75% de la inversión. El préstamo hipotecario tiene las siguientes condiciones:

Plazo de 25 años
Tasa de interés 9%
Pagos 12 por año

El primer año, el inversionista recibe un ingreso bruto de $ 175.000. No se anticipa desocupación en el primer año. A partir del segundo año, la vacante se estima en un 5%, las rentas se incrementan en un 3% anual. Si los gastos para el primer año son de $ 10,000, y habrá un aumento anual estimado del 3%, prepare el flujo de efectivo para el período. Si se estima que la tasa de capitalización será del 10% al final del período, determine el valor de la venta, considerando el hecho de que usted paga una comisión del 5%.

(Preparar el modelo por 5 años).

Calcule el valor presente neto a una tasa de descuento (tasa de inversión deseada) de 11%. Calcula también la tasa de retorno de la inversión.

Hipoteca	
Monto	$1,500 * .75 = $ 1,125,000
Plazo de 2	5 años
Interés	9%
Pagos por ano	12
Pago mensual	- $ 9,440.96
Pago anual	- $ 113.292
Amortización	60 Meses
Globo al año 5	$1,049,315

La inversión inicial es de $ 375,000, y es negativa porque representa una salida o un desembolso.

Año 1
El ION sería el ingreso del alquiler, $ 175,000, menos $ 10,000 de los gastos operativos

Año 2
El ingreso por alquiler se incrementa en 3%, y es de $ 180,250. Pero también se ve afectado por la vacante, lo que resulta en $ 171,238. Los gastos operativos se incrementan en el año 2 en un 3% a $ 10,300. El ION para el año 2 sería 160.938.

Año 3
El ingreso por alquiler se incrementa en un 3%, y es de $ 176,375. Los gastos operativos se incrementan en el año 2 en un 3% a $ 10,609. El ION para el año 3 sería $ 165,766.

Año 4
El ingreso por alquiler se incrementa en 3%, y es de $ 181,666. Los gastos operativos se incrementan en el año 3 en un 3% a $ 10,927. El ION para el año 4 sería 170,739.

Año 5
El año 5 tiene 2 flujos de ingresos, el generado por el alquiler y el generado por las ventas. El ingreso por alquiler se incrementa en un 3%, y es de $ 187,116. Los gastos operativos se incrementan en el año 3 en un 3% a $ 11,255. El ION para el año 5 sería 175,861.

Si deducimos ahora el servicio de la deuda de cada ION, obtendremos los flujos de efectivo en la tabla para el período de 5 años.

Además, debemos tener en cuenta los ingresos netos de la venta en el año 5:

Ingresos netos de la venta
Precio de venta bruto	$175,861 / 10% = $ 1,758,610
Comisiones de ventas	(5%) $ 87,931
Saldo de la Hipoteca	$1,049,315.
Ingreso neto de la venta	$621,364

Por lo tanto, el flujo de efectivo neto en el año 5 es el flujo de $ 62,569 generado por el alquiler más $ 621,364 de los ingresos netos de la venta por un total de $ 683,933.

N	IOB	GO	ION	SD	FCN por Renta	INVERSION/VENTA	FCN Total
0						$ (375,000.00)	$ (375,000.00)
1	$ 175,000.00	$ 10,000.00	$ 165,000.00	$ (113,292.00)	$ 51,708.00		$ 51,708.00
2	$ 171,237.50	$ 10,300.00	$ 160,937.50	$ (113,292.00)	$ 47,645.50		$ 47,645.50
3	$ 176,374.63	$ 10,609.00	$ 165,765.63	$ (113,292.00)	$ 52,473.63		$ 52,473.63
4	$ 181,665.86	$ 10,927.27	$ 170,738.59	$ (113,292.00)	$ 57,446.59		$ 57,446.59
5	$ 187,115.84	$ 11,255.09	$ 175,860.75	$ (113,292.00)	$ 62,568.75	$ 621,364.00	$ 683,932.75

Ahora que nuestra barra "T" está construida, podemos proceder, usando nuestra calculadora financiera, para determinar el valor presente neto, el VPN de los flujos de efectivo descontados al 11% para el período de 5 años, lo que resulta en $ 192,346.

Como se presentó en las secciones anteriores, un VPN positivo indica que la tasa interna de rendimiento, la TIR de la inversión resultará más alta que la deseada por el inversionista. De hecho, si calculamos la TIR para esta inversión, se obtiene un 22.58%, casi el doble de lo deseado.

Trabajando con Vendedores / Propietarios

Los servicios provistos por los Consultores de Bienes Raíces Comerciales para vendedores / propietarios son diversos y pueden incluir:
- Análisis de Factibilidad
- Captación de Propiedades en Exclusiva
- Negociación
- Estimación de Valor
- Análisis de Mercado
- Inspección ("Due Diligence")
- Relaciones Propietario / Inquilino
- Administración de Propiedades

Análisis de Factibilidad:

Un análisis financiero de la propiedad es crucial si queremos determinar cuál es el valor de la propiedad al valor de mercado, si el propietario desea vender, ampliar o refinanciar la propiedad. Primero, debemos obtener todos los datos relevantes y completar los "Datos Operativos Anuales de la Propiedad, o" DOAP ". Del DOAP sse realiza el análisis financiero proyectado, generalmente una proyección de 5 años.

Una vez que se construye el modelo de análisis financiero, es posible variar los diferentes parámetros relevantes para realizar un análisis de sensibilidad. Por ejemplo, puede variar el apalancamiento en función de la inversión inicial y analizar los diferentes resultados obtenidos. Una vez que se completa el análisis, el propietario puede elegir cuál es la mejor opción según el valor del dinero en relación con otras oportunidades de inversión.

Captación de Propiedades en Exclusiva

Algunos asesores de bienes raíces comerciales no se atreven a decirles a sus clientes la verdad sobre el precio de una propiedad, porque creen que perderán al cliente y el cliente terminará por entregar la propiedad a otro asesor de ventas. Estos vendedores sin escrúpulos capturan el listado a un precio muy alto con la convicción de que el propietario decidirá reducirlo en el futuro. El problema no es solo bajar el precio en aproximadamente dos o tres meses, el problema es que la propiedad, como decimos en la jerga comercial, se quema y no logra atraer una parte importante del universo de compradores. Nosotros, como asesores comerciales, debemos transmitir esto a nuestros clientes, para que puedan comprender las vicisitudes del negocio de bienes raíces comerciales.

Los propietarios deben ser educados con respecto a la comercialización de la propiedad, así como el servicio y el precio. No importa cuánto marketing haga, si el precio no es correcto, la campaña de marketing, que cuesta dinero y esfuerzo, será en vano.

Hay diferentes tipos de acuerdos de listado:

- Derecho Exclusivo a Vender la Propiedad.
- Agencia exclusiva
- Listado Abierto
- Listado verbal

Derecho Exclusivo de Vender la Propiedad:

Este es el único tipo de contrato que le permite a un agente comercial asegurar su compensación si la propiedad se vende, se intercambia o permuta. El derecho exclusivo de vender / arrendar propiedades establece que el agente comercial es el agente exclusivo y que recibirá una compensación, independientemente de quién represente al comprador en la transacción. Muchos propietarios se resisten a ejecutar este tipo de contrato, a menos que usted y su empresa tengan la credibilidad y un historial de éxito en la venta o el alquiler de propiedades similares. Es muy importante educar al propietario y presentar datos que lo lleven a sentirse cómodo al entrar en un acuerdo de exclusividad.

Agencia Exclusiva:

Este tipo de contrato establece que el agente comercial es el agente exclusivo; sin embargo, el propietario se reserva el derecho de vender / arrendar la propiedad a personas o entidades con las que el agente comercial no haya tenido negociaciones en el pasado, en cuyo caso, el propietario no es responsable de compensar al agente. Cabe señalar, que, en este tipo de contrato, el corredor comercial y su firma pueden invertir una cantidad significativa de dinero y esfuerzo. Si el propietario vende / alquila la propiedad a un tercero, todos los recursos invertidos se verán afectados, afectando financieramente al corredor y la empresa. En este tipo de situación, es fácil para otros asesores ir detrás de sus espaldas y hacer negocios directamente con el propietario, ganando tarifas más altas. Además, el Vendedor puede comercializar la propiedad por sí mismo en paralelo con la campaña de marketing que el corredor ha implementado; Esto puede causar mucha confusión en el mercado.

Listado Abierto:

Este contrato de listado especifica por escrito el precio y los términos, pero dice que se puede cancelar "A voluntad", sin ofrecer protección al agente comercial, excepto para establecer los términos y el precio. El propietario puede compartir este contrato con otros asesores al mismo tiempo, ya que ninguno tiene exclusividad. Muchos propietarios ofrecen este tipo de contrato a asesores y / o signatarios que no saben y tienen miedo de estar atados a un consultor o agencia por un período significativo sin saber cómo se desempeñarán.

Listado Verbal:

En este caso, no hay un contrato "per se", solo una comunicación verbal en la que el propietario comunica al agente que si trae a un comprador para la propiedad a un precio determinado, el propietario pagará una comisión. Es muy común en estos casos que el propietario establezca un precio mínimo en este acuerdo verbal con el agente comercial. Lo que sea que el corredor obtenga por encima de ese precio sería su compensación.

De los tipos de contratos presentados, el único aceptable para una relación comercial es la "Autorización Exclusiva y el Derecho a Vender la Propiedad". Un corredor profesional no debe aceptar ningún otro tipo de contrato.

Dado que los corredores comerciales generalmente trabajan con vendedores y compradores, en ciertas circunstancias está bien aceptar el trabajo con un propietario, estableciendo las condiciones en un acuerdo de comisión, en caso de que el corredor adquiera un comprador.

Como se mencionó anteriormente, algunos propietarios no se sienten cómodos brindando exclusividad para la venta o el arrendamiento, porque no confían en el agente comercial o en su desempeño con respecto a la comercialización de la propiedad y todas las actividades prometidas, y temen ser limitados por un contrato Eso no está funcionando. Para superar esta desconfianza, el corredor debe presentar en el contrato un plan de mercadotecnia detallado, especificando cada una de las actividades a realizar y comprometer la ejecución escribiendo una cláusula que, en el caso de que no cumpla con alguna de las actividades prometidas, el Bróker tendrá un tiempo para curarse, de lo contrario, el propietario tendrá derecho a cancelar el contrato.

Obtener una captación en exclusiva para vender propiedades comerciales requiere mucha preparación y conocimiento; Es recomendable seguir estos pasos:

1. Investigación inicial
El primer paso es entender todo sobre la propiedad y el propietario: historia, características, especificaciones, vecindario, etc.

2. Entrevista con el propietario:
Esta entrevista es crucial para recopilar toda la información relevante sobre la propiedad, tomar fotografías y averiguar por qué el propietario quiere vender.

3. Estimacion el valor:
Basándose en la información obtenida, prepare una estimación del valor utilizando el enfoque comparativo de ventas y el enfoque de ingresos.

4. Preparación del Documento:
Es importante preparar una presentación de captación muy completa que incluya un resumen ejecutivo, una introducción, credenciales del agente, testimonios de clientes, las especificaciones de la propiedad del sujeto, la valoración ya preparada, un plan de mercadeo y exhibiciones tales como mapas, fotos, datos demográficos y ventas y Arrendamiento comparable.

5. Realización de la presentación:
Cada presentació de listado es una entrevista de trabajo. El consultor está solicitando un trabajo, la oportunidad de enumerar las propiedades comerciales para la venta. Si los pasos anteriores se han completado con diligencia, el consultor tendrá un conocimiento profundo del propietario, la propiedad y el mercado. Esta preparación previa antes de la presentación final hace la diferencia.

A continuación, hay algunos consejos para tener en cuenta durante la presentación:
- ➤ Vístase impecablemente; la presentación es siempre importante

> ➢ Sea puntual; Llegue preferentemente diez minutos antes de la cita.
> ➢ Asegúrese de que los que toman las decisiones estén presentes (esto debe coordinarse de acuerdo con la información obtenida en la investigación).
> ➢ ¡Los documentos de la presentación deben contener toda la información relevante y más! Y estos documentos deben ser presentados inmaculadamente.
> ➢ Enfatice el plan de marketing y explique cómo esto traerá resultados.
> ➢ Resalte la base de datos de la empresa de inversores / compradores / arrendatarios de la propiedad
> ➢ Indique su disponibilidad y la de su equipo para mostrar la propiedad.
> ➢ Repasar todas las actividades del plan de marketing. El cliente querrá saber los detalles de lo que hará para alquilar o vender la propiedad.
> ➢ Presentar algunos ejemplos de los materiales de marketing que se utilizarán.
> ➢ Defina con el propietario el tipo y la frecuencia de las comunicación que necesitará para informar sobre el progreso.

En algunas ocasiones, encontrará objeciones en términos de:

Exclusividad: esta objeción es fácil de superar si explica que todas y cada una de las actividades del plan de mercadeo serán oportunas, y en caso de que esto no ocurra, el consultor tendrá veinticuatro horas para corregir el problema. o el propietario tendrá derecho a cancelar el contrato.

Comisiones muy altas: la objeción a la comisión es fácil de refutar, ya que compensa el trabajo duro, el esfuerzo y, especialmente, el servicio prestado. Se debe enfatizar que el objetivo es vender / alquilar la propiedad a un precio justo de mercado en el menor tiempo posible.

Negociación

Los consultores deben poder negociar en beneficio de su cliente. El proceso de negociación es un arte que se logra con experiencia y conocimiento. Un buen conocimiento de la propiedad, el mercado y el manejo de los conceptos financieros hará que la negociación sea un proceso sin problemas.

Valor Estimado:

Como se presentó anteriormente, la estimación del valor es crucial para llevar a cabo el negocio de bienes raíces comerciales. Un consultor comercial debe tener las habilidades y los conocimientos para poder evaluar una propiedad comercial.

El valor de mercado representa la información más importante para establecer el precio de venta. Un consultor comercial debe tener las habilidades y los conocimientos para poder evaluar una propiedad comercial. En contraste con un análisis de mercado comparativo residencial, al estimar el valor de las propiedades comerciales, se deben considerar dos enfoques adicionales, el enfoque de reposicionamiento de costos y el enfoque de ingresos como se presenta en la sección 4 de este libro.

1. El Método de Comparables de Ventas
2. El Método de Análisis de Costos (Reposición o Reemplazo)
3. El Método de Ingresos.

Análisis de Mercado:

El propietario debe, en todo momento, estar familiarizado con la propiedad y los valores actuales del mercado. Por ejemplo, ¿qué tipo de concesiones se ofrecen en el mercado? ¿Ha habido cambios en la demografía? ¿Qué nuevos proyectos se están desarrollando? Como asesor del propietario, debe monitorear continuamente las variables internas y externas, y poder anticipar las situaciones del mercado y evitar las fallas aconsejando sobre las decisiones correspondientes.

Inspección ("Due Diligence")

El proceso de inspección o "Due Diligence" es vital para la finalización exitosa de una transacción comercial. El consultor debe asesorar al propietario sobre todas las actividades, documentación, asistencia y estar preparado cuando el posible comprador comience a revisar los diferentes aspectos de la propiedad. El consultor debe preparar un paquete con los documentos pertinentes y los estudios ambientales más recientes, los contratos de arrendamiento, los gastos operativos detallados, los P & L e impuestos sobre la renta de los últimos tres años, cualquier mejora o construcción realizada junto con los permisos correspondientes (abierto y cerrado), así como como otros documentos.

Relaciones entre Propietarios e Inquilinos

Independientemente de las regulaciones estatales y locales, comprender la relación entre el propietario y el inquilino es esencial para el correcto desarrollo del negocio. El consultor debe representar al propietario asegurando sus intereses y haciendo cumplir los contratos y las normas y procedimientos establecidos. Es de la mayor importancia para establecer una excelente relación con los inquilinos, brindándoles apoyo y asistiéndolos en sus necesidades.

Administración de Propiedades

Una actividad que los consultores de bienes raíces comerciales pueden ofrecer es la administración de propiedades comerciales. En este campo, los consultores comerciales deben tener el conocimiento, la infraestructura adecuada y las herramientas necesarias para administrar la propiedad de manera efectiva. Esto proporciona varias ventajas en el negocio:

1. Flujo de Efectivo Constante
2. Control de la Propiedad.
3. Signos en la Propiedad.
4. Economías de Escala

SECCIÓN 7

Trabajar con Compradores / Inquilinos

Los clientes comerciales tienden a analizar una serie de detalles como la selección del sitio, el análisis de compra / arrendamiento, la oportunidad de inversión, las regulaciones.

Los servicios provistos por los Consultores de Bienes Raíces Comerciales para compradores / inquilinos son diversos y pueden incluir:

> - Análisis de Factibilidad
> - Búsqueda y Selección de Propiedades.
> - Estimación de Valor
> - Valoración de Ingresos.
> - Análisis de Compra / Arrendamiento
> - Negociación
> - Proceso de Inspección "Due Diligence"
> - Administración de Propiedades

Análisis de Factibilidad:

El análisis financiero de la propiedad es crucial para determinar su valor en el mercado y poder compararlo con otras oportunidades de inversión basadas en la tasa de rendimiento deseada. Primero, debemos obtener todos los datos relevantes y completarlos en forma de "Datos operativos anuales de la propiedad, o "DOAP ". A partir del DOAP se realiza el análisis financiero proyectado, que generalmente es una proyección de 5 años.

Una vez que se construye el modelo de análisis financiero, es posible variar los diferentes parámetros relevantes para realizar un análisis de sensibilidad. Por ejemplo, puede variar el apalancamiento en función de la inversión inicial y analizar los diferentes resultados obtenidos. El análisis completo le permite al inversionista elegir la mejor opción dependiendo del valor del dinero en relación con otras oportunidades de inversión.

Búsqueda y Selección de Propiedades:

El asesor de bienes raíces comerciales debe comprender muy claramente cuáles son los requisitos del comprador o el inquilino. En el caso del comprador, ¿es este un inversor o un usuario final? ¿Cuáles son sus expectativas de retorno? ¿Cuánto es el costo del dinero para su negocio?

Una vez que se establecen los parámetros de búsqueda, el consultor comercial debe reunir una larga lista de entre 6 y 8 propiedades (según el mercado), estudiarlas comparativamente y visitarlas para verificar las condiciones, el acceso, los vecindarios, los tiempos de conducción, los servicios, las restricciones, etc.

Después de tener una comprensión clara de las diferentes opciones, el consultor comercial debe reunirse con el comprador o el inquilino y revisar esta larga lista. El cliente seleccionará las propiedades que le gustan, y generalmente la lista larga se reduce a 3 a 4 propiedades y se llama lista corta. El consultor procede a preparar un recorrido para llevar al cliente a ver las propiedades en la lista corta. Dependiendo de los resultados del recorrido, el consultor prepara un análisis en profundidad de las propiedades para presentar y discutir con el cliente.

Valor Estimado:

El valor de mercado representa la información más importante para tomar una decisión con respecto a la inversión y proceder a escribir una oferta. Un consultor comercial debe tener las habilidades y los conocimientos para poder evaluar una propiedad comercial. En contraste con un análisis de mercado comparativo residencial, al estimar el valor de las propiedades comerciales, se deben considerar dos enfoques adicionales, el enfoque de reposicionamiento de costos y el enfoque de ingresos como se presenta en la sección 4 de este libro:

1. El Método de Comparables de Ventas
2. El Método de Análisis de Costos (Reposición o Reemplazo)
3. El Método de Ingresos.

Análisis de Mercado:

El inversionista debe estar familiarizado con el mercado en el que estará invirtiendo, los tipos de propiedades y el apalancamiento o financiamiento disponible en ese mercado en particular. El consultor debe educar al cliente y proporcionarle las condiciones del mercado, tales como tasas de topes, cambios en la demografía, nuevos proyectos en desarrollo, etc. El consultor debe ayudar al inversionista a sentirse cómodo al mitigar los riesgos involucrados en la selección de la propiedad específica.

Análisis de Compra / Arrendamiento

Si un usuario final no está seguro acerca de la compra o el alquiler, el consultor comercial debe presentar un estudio financiero basado en el costo del dinero, comparando la opción de adquisición frente a la opción de alquiler. Aunque la decisión financiera es importante, se aplican otras variables, como la exposición, la ubicación, el establecimiento del punto de comercio, etc.

Negociación

Los consultores deben poder negociar en beneficio de su cliente. El proceso de negociación es un arte que se logra con experiencia y conocimiento. Un buen conocimiento de la propiedad, el mercado y el manejo de los conceptos financieros hará que la negociación sea un proceso sin problemas.

Proceso de Inspección "Due Diligence"

Al representar al comprador / inquilino, el consejero comercial debe convertirse en un "maestro", el director de orquesta, liderando al equipo que será reclutado para realizar las diferentes tareas involucradas en el proceso de debida diligencia. Hay cuatro campos de acción en la diligencia debida:

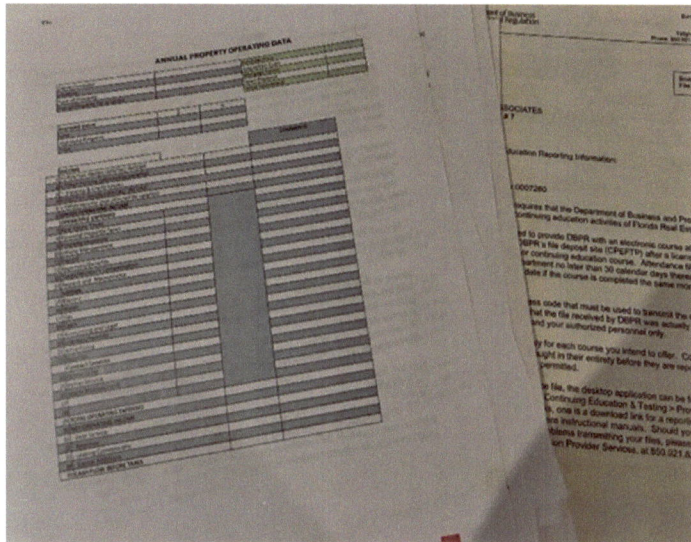

1. Legal:

Realizado por un abogado especializado en Bienes Raíces Comerciales.

yapi group

Construction • Engineering • Inspections • Project Management • Environmental • Indoor Air Quality

COMMERCIAL PROPERTY INSPECTION PROPOSAL

In Regards To	2185-2189 North State Road-7, Margate, FL 33063		
Prepared For	J.M. Padron	Date of Proposal	November 16, 2016
Type of Facility	8,243 SQ FT • <1 Acres Lot	Folio Number	4841 25 08 0316

CODE	ASSIGNMENT	FEE
C-CASBA	◆ Commercial Auto Shop Building Assessment	$ 2,245.00
	TOTAL AMOUNT OF PROPOSED INSPECTION FEE	$ 1,570.00

SCOPE OF THE INSPECTION & THE AGREEMENT

The inspection would include a visual, non-invasive of readily accessible areas. This is a non-destructive inspection and it would not be technically exhaustive and no excavation, disassembly or removal of obstructions is performed. The Standards of Practice meet those prescribed by the American Society for Testing and Materials, ASTM Designation E 2018-15 and FS.718.606.

The property inspection will consist of inspecting structural, roof, foundation, and electrical, mechanical, HVAC and plumbing systems for the subject property. The systems and the structure will be inspected to determine the condition and the working status. Digital photos will be taken and provided in the report of major items along with photos of all found marginal or defective items.

Access will be required to all offices, attic areas, mechanical rooms, storage areas and any other areas that are normally locked or not accessible for safety or security. The client understands, accepts and agrees that YAPI Group will not impliedly or expressly warrant or guarantee the condition of the subject properties and the deficiencies. Damages for any claimed deficiency in the inspection of the subject property to discover a claimed defect shall be limited to the fee charged for the inspection.

YAPI Group will not express any opinion on the condition of this property beyond what will be set forth in the written report. YAPI Group does not check for compliance with building codes or regulations of any federal, state or local governmental body, entity or agency. The client, or company representative by his/her signature below, accepts and understands all of the terms of this Agreement and that the total proposed inspection fee is due upon delivery of the completed inspection report.

Respectfully Submitted,

Omer Zeyrek, PhD
CGC, PMP, CPI, CMA, CMR, RMES, RMIS
State of FL Licensed Inspector • Lic #001932

Client Name & Signature – Date

8308 MILLS DR • 130 • MIAMI FL 33183
(305) 760-YAPI • (305) 600-0090 • (855) YAPI INC
YapiGroup.com

2. Ingeniería (estructural, eléctrica, mecánica):

Hecho por una empresa de inspección de ingeniería

LANDSCIENCE
Environmental Consultants and Engineers

December 02, 2016

Mr. Lawrence McGill

Subject: Phase II Environmental Site Assessment Screening Update Report for the
Auto Body Shop Property
Located at 2187 North State Road 7
Margate, Broward County, FL
LandScience Project Number: 2166968

Dear Mr. McGill,

LandScience is pleased to submit the attached report on a Phase II Environmental Site Assessment (ESA) for the above referenced property. The Phase II ESA was conducted in general accordance with good commercial and customary practices with respect to the range of contaminants within the scope of the Comprehensive Environmental Response, Compensation, and Liability Act (i.e., Superfund) and petroleum products, as described in the American Society for Testing and Materials document Standard Practice for Environmental Site Assessments: Phase II Environmental Site Assessment Process (ASTM E 1903-11).

LandScience appreciates the opportunity to assist you on this project. We look forward to providing you with our services again in the near future. Please feel free to contact us if you have questions concerning the report.

Yours Very Truly,

LandScience, Inc.

Andrew Whitaker
Project Manager

Rob Ludicke, M.Sc., REP # 5985
President

12570 NE 7th Ave, North Miami, Florida 33161   Tel 305.893.4955 Fax 305.893.9364

3. Ambiental: Realizado por una empresa de Ingeniería Ambiental.

4. Contabilidad:
Realizado por un contable experimentado.

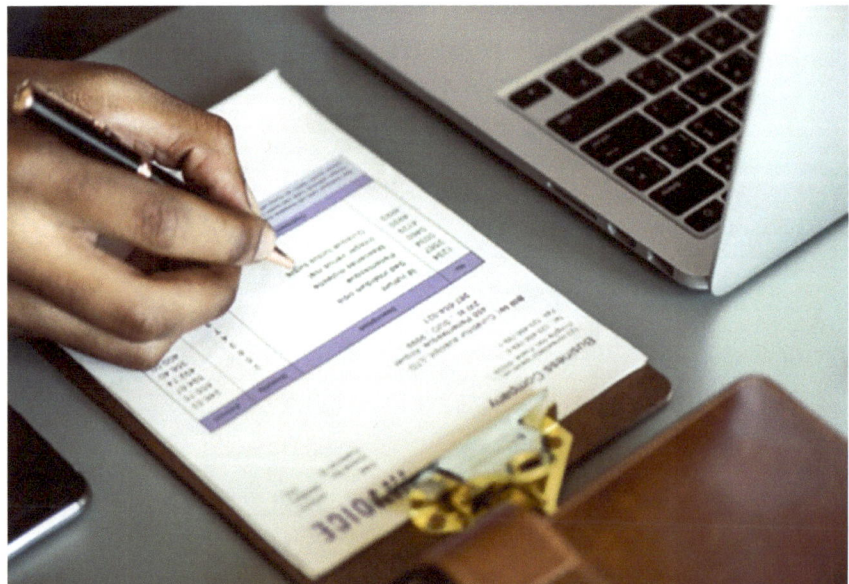

5. Marketing Generalmente realizado por el Consultor Comercial.

6. Análisis financiero
Generalmente realizado por el Consultor Comercial.

N	$	Net Flow less Debt Service	Net Flow end of the period
0	$ (375,000)	$ (375,000)	$ (375,000)
1	$ 165,000	$ 51,708	$ 51,708
2	$ 160,938	$ 47,646	$ 47,646
3	$ 165,766	$ 52,474	$ 52,474
4	$ 170,739	$ 57,447	$ 57,447
5	$ 175,861	$ 62,569	$ 683,933
Net Present Value			**$192,346**

Cada parte de la inspección debe realizarse en detalle, de modo que el consultor pueda combinar los resultados de cada uno en un informe completo de aceptación, aceptación con condiciones o rechazo.

Administración de Propiedades
Una actividad que los consultores de bienes raíces comerciales pueden ofrecer es la administración de propiedades de propiedades comerciales. En este campo, los consultores comerciales deben tener el conocimiento, la infraestructura adecuada y las herramientas necesarias para administrar la propiedad de manera efectiva.

La administración de la propiedad es una excelente oportunidad si el inversionista está ausente o simplemente no quiere involucrarse en la administración de la propiedad. La administración de propiedades representa varias ventajas en el negocio:

1. Flujo de Efectivo Constante
2. Control de la Propiedad.
3. Signos en la Propiedad.
4. Economías de Escala

Algunas de las actividades o tareas proporcionadas por un consultor comercial pueden no estar relacionadas con la compraventa o el arrendamiento comercial, pero pueden ser actividades de consultoría. Para mencionar algunos: preparar una valoración con el propósito de refinanciar o para una apelación de impuestos a la propiedad; coordinación de la diligencia debida; negociando un contrato de arrendamiento existente, etc. La compensación por estas actividades es generalmente por hora. ¿Cuánto cuesta? depende del valor horario del consultor comercial.

Caso de Estudio

Un centro comercial de tipo comunitario genera el siguiente flujo de ingresos operativos netos:

N	$
0	
1	850,000.00
2	884,000.00
3	919,360.00
4	956,134.40
5	994,379.78

La propiedad se ha colocado en el mercado con un precio de venta de $ 14 millones. El inversor fue a un banco local para averiguar los términos y condiciones para obtener un préstamo para la compra. El oficial del banco le dijo que el banco podría financiar hasta el 70% del precio de compra a una tasa de interés del 5.25% por un término de diez (10) años con una amortización de 25 años. Según las condiciones del mercado, se estima que la propiedad podría venderse en cinco años a una tasa de capitalización del 6,5%. La comisión de ventas se estima en el 5% del precio de venta. El inversor está analizando oportunidades similares con un rendimiento del 7% de rendimiento.

Parte 1. Calcule el valor actual neto y la TIR de esta inversión.
Enfoque:

Paso 1. Cálculo de la hipoteca
Plazo de	10 años
Tasa de interés	5.25%
Amortización	25 años
LTV	70%
Precio de venta	$14,000,000
Monto de la hipoteca	$9,800,000

Inversión inicial	($4,200,000)
Pago mensual	$58,726
Pago anual, servicio de la deuda	$704,715

Paso 2. Ventas proyectadas al final del Periodo.

Tasa de capitalización	6.5%
NOI al final del año	$994,380
Valor proyectado de venta	$15,298,154

Paso 3. Saldo de la Hipoteca al final del Periodo.

Amortización Hipotecaria	60 Meses
Principal	$240,284
Intereses	$464,431
Saldo	$8,715,112

Paso 4. Flujo neto al final del período.

Precio de venta	$15,298,150
Menos pago del saldo de la hipoteca	$8,715,112
Comisión de Ventas	$764,908
Ingresos netos totales de ventas	$5,818,120

Paso 5. Cálculo del valor actual neto

N	NOI	Debt Service	Cash Flow	Sales Proceeds	Net Cash Flows
0					$ (4,200,000)
1	$ 850,000	$ (704,715)	$ 145,285		$ 145,285
2	$ 884,000	$ (704,715)	$ 179,285		$ 179,285
3	$ 919,360	$ (704,715)	$ 214,645		$ 214,645
4	$ 956,134	$ (704,715)	$ 251,419		$ 251,419
5	$ 994,380	$ (704,715)	$ 289,665	$ 5,818,120	$ 6,107,785
			NPV @	7%	$ 814,162

	IRR	11.13%

El valor presente neto es positivo de $ 814,162, lo que significa que el inversionista recibirá un mejor rendimiento que su tasa deseada del 7%. La IRR da como resultado un 11.13%, lo que es mayor que el rendimiento deseado por el inversionista.

Parte 2. Si además de los términos de financiamiento anteriores, el banco establece un DSCR de 1.25, ¿cuál sería el precio de compra para el cual recomendaría escribir la oferta?

Paso 1. Cálculo de la nueva hipoteca.

Con el índice de servicio de la deuda de 1.25 y el NOI del primer año de $ 850,000, podemos calcular el Servicio de la deuda como:

$$\text{CSD} = \text{ION} \div \text{SD}$$

DS = NOI / DSCR = $ 850,000 / 1.25 = $ 680,000 y los pagos mensuales serán $ 56,667

Plazo de	10 años
Tasa de interés	5.25%
Amortización	25 años
PMT ($ 56,667)	
Cantidad de nueva hipoteca	$ 9,456,356
LTV	70%

Paso 2. Cálculo del nuevo precio de compra.

Si la nueva hipoteca es de $ 9,456,356, el nuevo valor de la propiedad sería:

$ 9,456,356 / 70% = $ 13,509,080.

El inversor tiene dos opciones:

1. Pruébelo para negociar una reducción de precio de $ 14,000,000 a $ 13,509,080, o;
2. Incrementar su inversión inicial de $ 4,200,000 a $ 4,690,920.

Escenario 1. El vendedor acepta reducción de precio.

Paso 1. Cálculo de la hipoteca

Plazo de	10 años
Tasa de interés	5.25%
Amortización	25 años
LTV	70%
Precio de venta	$13,509,080
Monto de la hipoteca	$9,456,356
Inversión inicial	($4,052,724)
Pago mensual	$56,667
Pago anual, servicio de la deuda	$680,004

Paso 2. Ventas proyectadas al final del Periodo.

Tasa de capitalización	6.5%
NOI al final del año	$994,380
Valor proyectado de venta	$15,298,154

Paso 3. Saldo de la Hipoteca al final del Periodo.

Amortización Hipotecaria	60 Meses
Saldo EOY 5	$8,409,266

Paso 4. Flujo neto al final del período.

Precio de venta	$15,298,150
Menos pago del saldo de la hipoteca	$8,409,266
Comisión de Ventas	$764,908
Ingresos netos totales de ventas	$6,123,976

Paso 5. Cálculo del valor actual neto

N	NOI	Debt Service	Cash Flow	Sales Proceeds	Net Cash Flows
0					$ (4,052,724)
1	$ 850,000	$ (680,004)	$169,996		$ 169,996
2	$ 884,000	$ (680,004)	$203,996		$ 203,996
3	$ 919,360	$ (680,004)	$239,356		$ 239,356
4	$ 956,134	$ (680,004)	$276,130		$ 276,130
5	$ 994,380	$ (680,004)	$314,376	$ 6,123,976	$ 6,438,352
			NPV @	7%	$ 1,280,829

IRR	13.52%

El valor presente neto es positivo de $ 1,280,829, lo que significa que el inversionista recibirá un mejor rendimiento que su tasa deseada del 7%.

De hecho, el IRR da como resultado un 13,52%, que es más alto que en el cálculo anterior.

Escenario 2. Inversor aumenta la inversión inicial.

Paso 1. Cálculo de la hipoteca

Plazo de	10 años
Tasa de interés	5.25%
Amortización	25 años
LTV	70%
Precio de venta	$13,509,080

Monto de la hipoteca	$9,456,356
Inversión inicial	($4,690,920)
Pago mensual	$56,667
Pago anual, servicio de la deuda	$680,004

Paso 2. Ventas proyectadas al final del Periodo.

Tasa de capitalización	6.5%
NOI al final del año	$994,380
Valor proyectado de venta	$15,298,154

Paso 3. Saldo de la Hipoteca al final del Periodo.

Amortización Hipotecaria	60 Meses
Saldo EOY 5	$8,409,266

Paso 4. Flujo neto al final del período.

Precio de venta	$15,298,150
Menos pago del saldo de la hipoteca	$8,409,266
Comisión de Ventas	$764,908
Ingresos netos totales de ventas	$6,123,976

Paso 5. Cálculo del valor actual neto

N	NOI	Debt Service	Cash Flow	Sales Proceeds	Net Cash Flows
0					$ (4,690,920)
1	$ 850,000	$ (680,004)	$ 169,996		$ 169,996
2	$ 884,000	$ (680,004)	$ 203,996		$ 203,996
3	$ 919,360	$ (680,004)	$ 239,356		$ 239,356
4	$ 956,134	$ (680,004)	$ 276,130		$ 276,130
5	$ 994,380	$ (680,004)	$ 314,376	$ 6,123,976	$ 6,438,352
			NPV @	7%	$ 642,633

IRR	9.99%

El valor presente neto es positivo de $ 642,633, lo que significa que el inversionista recibirá un mejor rendimiento que su tasa deseada del 7%.

Este IRR produce, como se esperaba, un valor más bajo que en los dos cálculos anteriores.

GLOSARIO

A

Accesorios
La propiedad personal adjunta al terreno o al edificio (por ejemplo, mejoras) se considera parte de la propiedad real.

Acuerdo de no disturbio
El inquilino firma esto para evitar que lo desalojen si el dueño de la propiedad no paga su hipoteca al banco.

Agencia Exclusiva
Un acuerdo en el que un corredor tiene derechos exclusivos para representar al propietario o inquilino. Si se utiliza otro corredor, tanto el corredor original como el real tienen derecho a comisiones de arrendamiento.

Agente
Un individuo / entidad que realiza transacciones, representa o administra negocios para otro individuo / entidad. El permiso es proporcionado por la persona / entidad que está representada.

Alquilar
Compensación del arrendatario al propietario por el uso de bienes raíces.

Alquiler a voluntad
Una licencia para ocupar o usar terrenos y edificios a voluntad del propietario.

Aprobación
Firmar el nombre de uno en la parte posterior de un cheque.

Arrendador
Un individuo (es decir, el propietario) que alquila la propiedad a un inquilino a través de un contrato de arrendamiento.

Arrendamiento por la Entirety
Una finca que existe solo entre marido y mujer. Cada uno tiene el mismo derecho de disfrute y posesión durante sus vidas conjuntas, y cada uno tiene el derecho de supervivencia.

Arrendamiento
Un contrato por el cual el propietario otorga al arrendatario el derecho a ocupar un espacio definido por un período determinado a un precio específico (es decir, el alquiler).

GLOSARIO

Arrendamiento – Leasehold
El patrimonio o interés que un inquilino tiene como se indica en el contrato de arrendamiento del inquilino.

Acuerdo de empate
Un contrato donde una transacción depende de otra transacción.

Arrendamiento bruto
Un contrato de arrendamiento de propiedad mediante el cual el propietario (es decir, el arrendador) paga todos los cargos de propiedad generalmente incluidos en la propiedad. Estos cargos pueden incluir servicios públicos, impuestos y mantenimiento, entre otros.

Arrendamiento neto
También se llama arrendamiento neto triple. El arrendatario paga no solo un cargo de alquiler fijo sino también los gastos de la propiedad alquilada, incluido el mantenimiento.

Arrendamiento Triple Neto
Un contrato de arrendamiento que requiere que los inquilinos paguen todos los servicios públicos, seguros, impuestos y costos de mantenimiento. Volver arriba

Arrendatario
Un individuo (es decir, un inquilino) a quien se le alquila una propiedad bajo un contrato de arrendamiento.

Asignación
La forma en que un contrato se transfiere de un individuo a otro individuo.

Asignador
Un individuo que transfiere un contrato a otro individuo

B

BOMA
Asociación de Propietarios y Gestores de Edificios.

C

Capital, Mejoras
Cualquier desarrollo físico importante o reurbanización de una propiedad que extienda la vida útil de la propiedad. Los ejemplos incluyen la actualización de los ascensores, el reemplazo del techo y las renovaciones del lobby.

Carta de intención
Un documento, generalmente no vinculante, de acuerdo entre las partes que indica su serio deseo de avanzar en las negociaciones.

Carta de trabajo

Una cantidad de dinero que un propietario acuerda gastar en la construcción del interior de un espacio por el contrato de arrendamiento, generalmente negociado

Certificado de Estoppel

Un instrumento legal ejecutado por el que saca la hipoteca (es decir, el deudor hipotecario). El propietario de una propiedad puede requerir que un arrendamiento individual de una propiedad firme un certificado de estoppel, que verifica los puntos principales (por ejemplo, renta base, comienzo y vencimiento del arrendamiento) del arrendamiento existente entre el propietario y el inquilino.

Certificado de Ocupación (CO)

El gobierno emite este formulario oficial, que establece que el edificio está legalmente listo para ser ocupado.

Cesionario

Persona a quien se le asigna un contrato.

Cláusula de cancelación

Una disposición en un contrato (por ejemplo, un contrato de arrendamiento) que confiere la capacidad de uno en el contrato de arrendamiento para rescindir las obligaciones de la parte. Los motivos y la capacidad de cancelación generalmente se especifican en el contrato de arrendamiento.

Comisión, Reparto

Una división acordada de las comisiones ganadas entre un agente de ventas y un agente patrocinador, o entre el agente de ventas y el agente de cotización.

Contingencia

Un requisito en un contrato que debe ocurrir antes de que ese contrato pueda ser finalizado

Contiguo

Tocar en algún punto y/o a lo largo de un límite

Contrato

Un acuerdo legal entre entidades que requiere que cada uno conduzca (o se abstenga de realizar) ciertas actividades. Este documento otorga a cada parte un derecho que es exigible en nuestro sistema judicial.

Construir

La construcción o mejoras del interior de un espacio, incluidos pisos, paredes, plomería terminada, trabajos eléctricos, etc

Corredor de bienes raíces

Palabra acuñada que solo puede ser utilizada por un miembro activo de una junta local de bienes raíces, afiliada a la Asociación Nacional de Juntas de Bienes Raíces.

GLOSARIO

D

Defecto
El incumplimiento de una promesa, el cumplimiento de una obligación, o realizar ciertos actos.

Desalojo (Actual)
Remoción física de un inquilino ya sea por ley o por fuerza.

Desalojo (Con Procedimiento)
Un procedimiento legal por el propietario para DESALOJAR a un inquilino

Dominio eminente
El derecho del gobierno a condenar y adquirir propiedades para uso público. El gobierno debe proporcionar al propietario una compensación justa.

Desempeño específico
Cuando un tribunal requiere que un acusado cumpla con los términos de un acuerdo o contrato.

Deudor
Un individuo que se ha comprometido a cumplir una obligación con otra persona (es decir, obligado).

Diferencia
Autorización gubernamental para usar o desarrollar una propiedad de una manera no permitida por las regulaciones de zonificación aplicables.

Disfrute tranquilo
El derecho del propietario o inquilino a usar la propiedad sin disturbios.

DOAP
Datos operativos anuales de la propiedad

Dueño
Uno que alquila una propiedad a un inquilino.

E

Entrega
Transfiere algo de una entidad a otra

Escritura
Un instrumento escrito y firmado que transmite el título a bienes inmuebles

.
Estatuto
Una ley establecida por un acto de legislatura.

Estatuto de limitaciones

Una ley que prohíbe todo derecho de reparación después de un cierto período de tiempo desde el momento en que surge una causa de acción.

F

Factor de pérdida

¿Qué porcentaje del área bruta de un espacio se pierde debido a paredes, elevadores, etc. La regla de oro en Manhattan es de aproximadamente el 15%?

Fideicomiso

Un acuerdo por escrito entre las partes, que requiere que ciertos bienes / fondos se coloquen con un tercero. El objeto en custodia se libera a una entidad designada al completar algún suceso específico.

Fiduciario

Una persona que representa a otra en asuntos financieros / de propiedad.

G

Gastos de Operación, GO

Todos los gastos incurridos por la operación de la propiedad: impuestos a la propiedad, seguros y mantenimiento.

H

Holdover Inquilino

Un inquilino que permanece en posesión de una propiedad arrendada después de la expiración del plazo del contrato.

I

Incompetente

Un individuo que no puede manejar sus propios asuntos debido a alguna condición médica (por ejemplo, demencia, Alzheimer).

Ingreso potencial bruto

El ingreso máximo que una propiedad puede generar por alquileres.

GLOSARIO

Ingresos brutos
El total de ingresos generados por alquileres

Ingreso Bruto Efectivo
El ingreso total generado por el alquiler más cualquier ingreso adicional

Instrumento
Un documento legal escrito creado para garantizar los derechos de las partes que participan en el acuerdo. Irrevocable, Incapaz de ser alterado, cambiado o recordado.

Inquilinos en el sufrimiento
Un individuo que viene a poseer tierras a través de un título legal y lo mantiene a perpetuidad sin ningún título.

ION
Ingreso Neto Operativo, es el ingreso neto al final del año, Ingreso Bruto Efectivo menos los Gastos Operativos.

J

Junta de Bienes Raíces
Una organización cuyos miembros se componen principalmente de profesionales de bienes raíces, tales como corredores.

Juicio
Una decisión formal emitida por un tribunal relacionada con los reclamos específicos y los derechos de las partes en un acto o demanda.

L

Ley contra el Fraude
Ley estatal (fundada en la ley inglesa antigua) que requiere que los contratos se reduzcan a forma escrita para que se cumplan por ley.

Listado
Un contrato de trabajo entre el director y el agente que autoriza al agente (como un corredor) a realizar servicios para el director y su propiedad.

Listado Abierto
Una lista otorgada a cualquier corredor sin responsabilidad para compensar a cualquier agente, excepto el que primero asegura un comprador que está listo, dispuesto y capaz de cumplir con los términos de la lista, o asegura la aceptación por parte del propietario de una oferta satisfactoria; El contrato de arrendamiento de la propiedad termina automáticamente el listado.

M

Mantenimiento de áreas comunes (CAM)
Esta es la cantidad de renta adicional cobrada al inquilino, además de la renta base, para mantener las áreas comunes de la propiedad compartidas por los inquilinos y de las cuales se benefician todos los inquilinos. Los ejemplos incluyen: remoción de nieve, iluminación exterior, barrido de estacionamientos, escaleras mecánicas, aceras, vías aéreas, áreas de estacionamiento. La mayoría de las veces, esto no incluye ninguna mejora de capital que se realice en la propiedad.

Mas Alto y Mejor Uso
El uso óptimo de una propiedad se basa en las ordenanzas de zonificación, la capacidad física y la viabilidad financiera.

Mejoras al inquilino
El trabajo realizado en el interior de un espacio puede ser pagado por el propietario, el inquilino o una combinación de ambos, según los términos del contrato de arrendamiento.

Menor
Una persona menor de una edad legal, generalmente menores de 18 años.

O

Obligatorio
Un requisito que debe cumplirse como se especifica en cualquier documento escrito.

Opción
Un derecho otorgado para comprar o arrendar una propiedad en términos específicos dentro de un tiempo especificado. Si no se ejerce el derecho, el titular de la opción no está sujeto a responsabilidad por daños y perjuicios. Si el titular de la opción la ejerce, el otorgante de la opción debe cumplir los requisitos de la opción.

Ordenanza de Zonificación
Una ley de una autoridad gubernamental local (por ejemplo, ciudad o condado) que establece los parámetros para los cuales se puede utilizar la propiedad.

P

Pactos
La redacción se encuentra en escrituras que limitan / restringen el uso que se le puede dar a una propiedad (por ejemplo, sin barras).

GLOSARIO

Periodo de gracia
Tiempo adicional permitido para completar una acción (por ejemplo, realizar un pago) antes de que ocurra un incumplimiento o violación.

Permiso de construcción
Permiso por escrito del gobierno para desarrollar, renovar o reparar un edificio

Pies cuadrados
El método habitual por el cual se define el espacio de alquiler. Es el área de ese espacio, calculada tomando la longitud por el ancho. Por ejemplo, una habitación de 30 pies por 60 pies tiene un área de 1,800 pies cuadrados.

Poder legal
Un instrumento escrito debidamente firmado y ejecutado por un individuo que autoriza a un agente a actuar en su nombre en la medida indicada en el documento.

Porcentaje de arrendamiento
Un arrendamiento de propiedad en el que el alquiler se basa en el porcentaje del volumen de ventas realizado en las instalaciones específicas. Por lo general, también hay una cláusula para un alquiler mínimo.

Precio de mercado
El precio real de venta o arrendamiento de una propiedad.

Préstamo de dinero duro
Un préstamo basado en activos en el que un prestatario recibe fondos que están garantizados por el valor de una propiedad inmobiliaria y, a menudo, a una tasa de interés más alta que un préstamo de propiedad comercial tradicional. Se utilizan para adquisiciones, situaciones de cambio, ejecuciones hipotecarias y quiebras.

Propiedad personal
Cualquier propiedad que no sea propiedad real. Los ejemplos incluyen muebles, ropa y obras de arte.

Propiedad
Artículos para el hogar, incluidos bienes personales como lámparas, escritorios y sillas.

Propiedad real
Terrenos y cualquier mejora de capital (por ejemplo, edificios) erigidos en la propiedad.

Propiedad urbana
Propiedad en una ciudad o área de alta densidad.

R

Rendición
La cancelación de un contrato de arrendamiento por mutuo consentimiento del inquilino y el propietario.

Renuncia
La renuncia intencional o el abandono de un reclamo, privilegio o derecho específico.

Restricción
Una restricción, a menudo especificada en la escritura, sobre el uso de la propiedad

Restricción de escritura
Una restricción impuesta en una escritura que limita el uso de la propiedad. Por ejemplo, una restricción podría prohibir la venta de bebidas alcohólicas.

Reunión de las mentes
Cuando todas las personas que participan en un contrato aceptan la sustancia y los términos de ese contrato.

Revocación
Un acto de rescisión del poder previamente autorizado.

S

Sindicato de Bienes Raíces
Cuando los socios (ya sea con o sin responsabilidad ilimitada) forman una sociedad para participar en una empresa de bienes raíces.

Sitio
La ubicación de una propiedad. Servicio completo de arrendamiento

Subagente
Un agente de un individuo que ya actúa como agente de un principal.

Subleasing
El arrendamiento de espacio de un inquilino a otro inquilino.

T

Tasa de capitalización (Cap Rate)
El valor dado a la propiedad cuando el Ingreso Neto Operativo (NOI) se divide por el valor de mercado actual o el precio de venta. Una tasa de capitalización puede usarse como un indicador aproximado de la rapidez con la que una inversión se pagará por sí misma.

GLOSARIO

Tenencia conjunta
Propiedad de bienes inmuebles por dos o más individuos, cada uno de los cuales tiene un interés indivisible con el derecho de supervivencia.

Tenencia en común
La propiedad de bienes por dos o más individuos, cada uno de los cuales tiene un interés indivisible, sin el derecho de supervivencia.

Tenedor de una obligación
La persona que recibirá el resultado de una obligación

Testigo de suscripción
El testigo de la ejecución de un instrumento que ha escrito su nombre como prueba de haber visto dicha ejecución.

V

Vacío
Algo que es inaplicable.

Válido
Una situación vinculante que está autorizada y ejecutable por ley.

Valor de mercado
El precio esperado que una propiedad debería traer si se expone para arrendamiento en el mercado abierto por un período de tiempo razonable y con propietarios e inquilinos conocedores del mercado.

Valuación
Precio estimado, valor o valor. Además, el acto de identificar el valor de una propiedad a través de una tasación.

Violación
Ley, condición o escritura que viola el uso permisible de la propiedad.

Z

Zona
Un área, delineada por una autoridad gubernamental, que está autorizada y limitada a usos específicos.

Referencias

1. Fundamentals of Commercial Real Estate by JM Padron
2. Foundations for Success in Commercial Real Estate- The CCIM Institute's Robert L. Ward Center for Real Estate
3. International Council of Shppinmg Centers, ICSC
4. The CCIM Institute
5. The RICS Institute

Respuestas a ejercicios seleccionados

Ejemplo 3.1

IOB =	$ 60,000
ION =	$ 52,000
SD=	$ 27,600
FCN =	$ 24,400
II =	$ 150,000
TIR=	16.27%

Ejemplo 3.2

IBP =	$ 144,000
Vacante =	$ 18,000
EGI =	$ 126,000
IOB=	$ 126,000
ION =	$ 88,200
NCF =	$ 88,200

II = VALOR = $ 980,000

Ejemplo 3.3

escenario 1
ION =	$ 35,000
FCN =	$ 35,000
TIR =	7%

Escenario 2

Propiedad 1
FCN =	$ 18,604
TIR =	7.44%

Propiedad 2
FCN =	$ 23,604
TIR=	9.44%

El combinado
FCN=	$ 42,208
TIR =	8.42%

El inversionista obtendría un mejor retorno de la inversión en el Escenario 2, y mejoraría aún más con el tiempo a medida que las dos propiedades se amortizan.

Ejemplo 4.3

Almacén de precio de venta = $ 800,000
Precio de venta al por menor = $ 800,000
Ingresos Totales = $ 1,600,000

Valor del centro comercial = $ 2,000,000

A John le faltan $ 400,000 para comprar el centro comercial luego de la venta de sus dos propiedades. Luego puede proceder de la siguiente manera:

Opción 1
Negociar una hipoteca privada con el vendedor durante dos años, avalando los contratos de arrendamiento como garantía.

Opción 2
Solicite un préstamo por 2 años a una institución financiera.

Opción 3
Solicite un préstamo por 10 años con una amortización a 20 años, para aprovechar mejor su inversión.

Ejemplo 4.4

Tomando el promedio de las rentas netas / pies / año y descartando las compensaciones fuera de rango, el resultado es:

$ 32.56 / SF / año que representa el ION por SF

Haciendo lo mismo con el precio de venta, el resultado es:

$ 447.09 / SF / año, que representa el valor por SF.

Aplicando la fórmula de la tasa de TCAP el resultado es 7.28%.

www.ingramcontent.com/pod-product-compliance
Lightning Source LLC
Chambersburg PA
CBHW041721210326
41598CB00007B/734